Angela Pfotenhauer und Elmar Lixenfeld

Meine Via Regia
und meine auch

Fußreise von Frankfurt am Main nach Görlitz

Meine Via Regia und meine auch

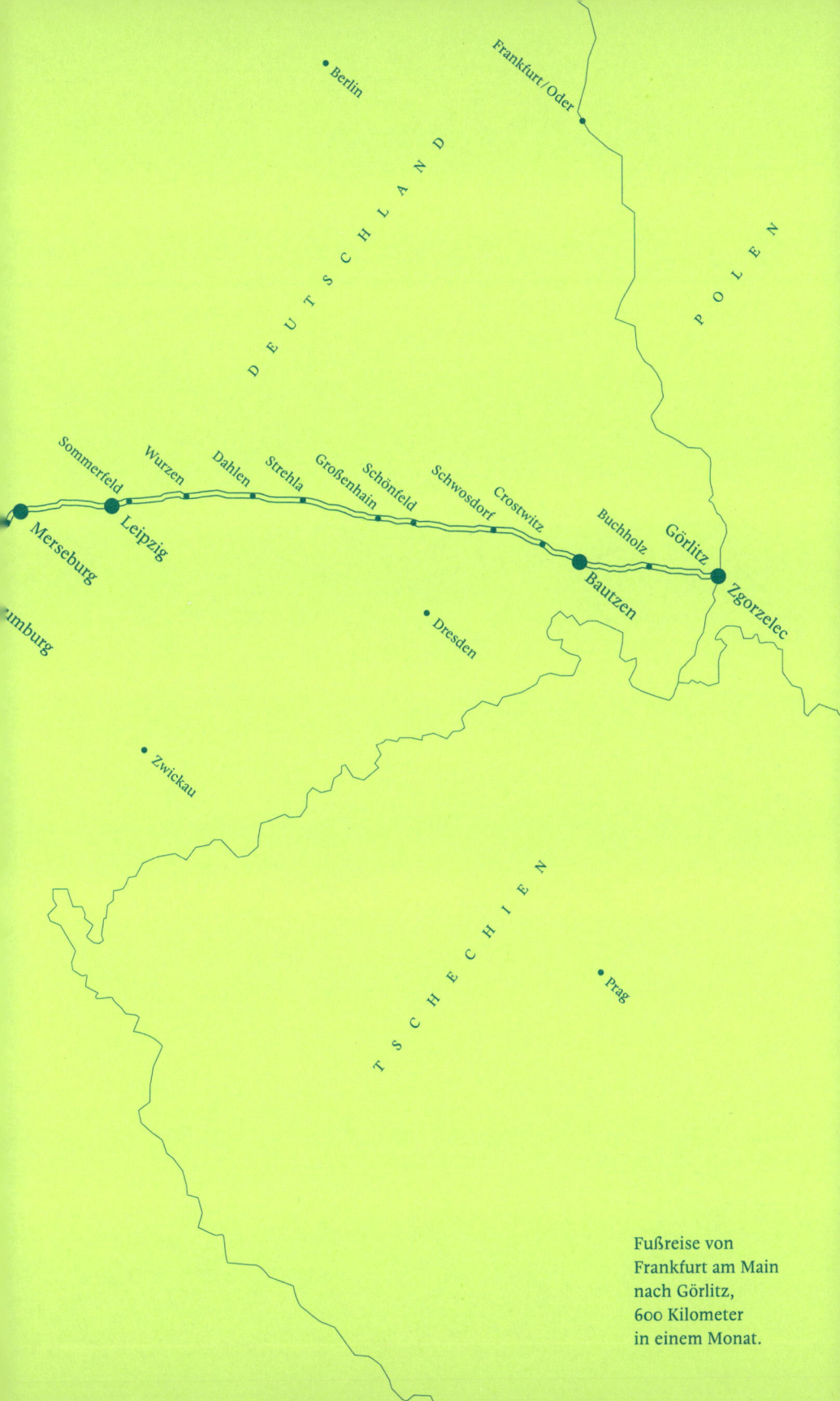

Berlin

Frankfurt/Oder

DEUTSCHLAND

POLEN

Sommerfeld

Wurzen

Dahlen

Strehla

Großenhain

Schönfeld

Schwosdorf

Crostwitz

Buchholz

Görlitz

Leipzig

Merseburg

...mburg

Bautzen

Zgorzelec

Dresden

Zwickau

TSCHECHIEN

Prag

Fußreise von
Frankfurt am Main
nach Görlitz,
600 Kilometer
in einem Monat.

Etappen

Stephan Hansen
Vorstand der
Deutschen Stiftung
Denkmalschutz

Grußwort Als größte private Initiative für Denkmalpflege in Deutschland setzt sich die Deutsche Stiftung Denkmalschutz seit 1985 fachlich fundiert und kreativ für die Bewahrung von Baudenkmalen und Kulturlandschaften ein. Wir fördern konkrete Baumaßnahmen, begeistern Schüler und Jugendliche ganz handfest für Altes, ermöglichen auf unseren MONUMENTE-Reisen lebendige Begegnungen und erreichen mit unserem Verlagsprogramm ein kulturinteressiertes, reisefreudiges Publikum.

Im Sinne dieser Leitbilder haben Angela Pfotenhauer und Elmar Lixenfeld bislang dreizehn Bände der MONUMENTE-Edition vorgelegt. Bei ihren Recherchen ließen sich die Autoren stets auch von alten Fernverbindungen durch Europa inspirieren. So thematisierten diese Bücher bereits die Wege der Hansekaufleute an der Ostsee (*Backsteingotik, Wismar und Stralsund*), folgten der Straße der Romanik (*Romanik in Sachsen-Anhalt*) und den Handelsverbindungen über den Rhein (*Oberes Mittelrheintal, Rheingau*).

Die Autoren haben sich nun gefragt, wie es wohl wäre und ob es heute überhaupt ginge, in der traditionellsten Art der Fortbewegung auf einem überlieferten Fernweg weite Strecken unterwegs zu sein. Und wie es sich für Pilger gehört, gehen sie von der eigenen Haustür los, auf die alte Hohe Straße, die

6

Via Regia, 600 Kilometer zu Fuß, von Frankfurt am Main nach Görlitz.

Ihr Weg führt in 30 Tagen durch die Bundesländer Hessen, Thüringen, Sachsen-Anhalt und Sachsen. Entlang dieser Route reihen sich mittelalterliche Zentren auf: Eisenach mit der Wartburg, Erfurt als Wirkstätte Martin Luthers, Gotha, Naumburg, Merseburg, Leipzig, Bautzen und Görlitz. Und dazwischen: Landschaft. Felder, Wälder, Dörfer, Dorfkirchen, Klöster, Burgen. Der Weg selbst ist das Denkmal, immaterielles Kulturerbe. Er zählt zu den 36 Kulturwegen des Europarates.

Dieses Buch ist aufgebaut wie ein Reisetagebuch. Auch banale Bemerkungen über das Wetter, die Verpflegung oder das allgemeine Befinden werden notiert, Bemerkungen, die oft erst in der Rückschau ihren Informationswert zeigen. In dieser persönlichen Darstellung geht es nicht so sehr um das Ziel, sondern darum, überhaupt anzukommen. Selbst Albrecht Dürer beschrieb auf seinen Reisen weniger die künstlerischen Erlebnisse als seine schmerzenden Füße und seine Freude über ein gutes Abendessen.

Gastfreundschaft ist das große Thema, das den inneren und äußeren Weg zu den kulturhistorischen Werten vertieft. Seit dem Jahr 2003 – schon drei Jahre vor dem berühmten Buch von Hape Kerkeling – gibt es in Deutschland einen Jakobsweg mit diesem einzigartigen Herbergswesen, wie es von den spanischen Jakobswegen bekannt geworden ist: den auf Ehrenamt vor Ort basierenden *Ökumenischen Pilgerweg* zwischen Vacha und Görlitz. Erst die vielen uneigennützigen Herbergseltern auf diesem Abschnitt der europaweiten Jakobswege schaffen jene besondere Herbergskultur, die diese schlichte Art des Reisens heute so unkompliziert macht.

Outdoor ist in. Doch unsere beiden Autoren sind keineswegs sportliche Abenteurer, sondern gehen mit leichtem Gepäck durch Deutschland. Vielleicht kribbelt es auch Ihnen in den Füßen.

Vorbereitung Wir wollten ja nicht nach Görlitz. Dann wären wir besser mit dem Auto gefahren. Wir wollten diesmal nicht von Punkt zu Punkt, die Abstände dazwischen nur umständehalber überwindend, von Sehenswürdigkeit zu Sehenswürdigkeit fahren. Wir wollten nach Görlitz *gehen* – und würden an einem Ort nur umständehalber zur Übernachtung bleiben.

Natürlich erfreuen wir uns an jedem Blümchen und an jeder grandiosen Aussicht, aber wir sind nicht so sehr Erholungswanderer, die in unberührter Natur Erlebnispunkte sammeln. Wir sind auch keine Sportler, sondern Angsthasen. Obwohl wir viel von Einkehr halten, treibt uns auch nicht die Frömmigkeit auf die Straße. Wir haben einfach unsere Beine neu entdeckt: als Fortbewegungsmittel und mit allen Effekten für Körper und Geist (wen wundert's?), womöglich noch für die Seele.

In Deutschland, dem Wanderland, wird gewandert, was die Sohle hergibt, auf schätzungsweise 300000 Kilometern Wanderwegen, Trampelpfade nicht mitgerechnet. Nahezu jede Region ist erschlossen, jeder Quadratzentimeter Wald ist Kulturwald, und selbst wenn es regnet oder schneit, hört der Niederschlag in der Regel bald wieder auf. Wir erleben keine Tornados, Hurrikane und Taifune, und auch keinen Monsun.

Es gibt Handys und fast überall Empfang. Und ja, die Risiken sind kalkulierbar, hier, auf grundsätzlich zivilisiertem Terrain. An der eigenen Haustür im Rhein-Main-Gebiet irgendwohin zu wandern bedeutet mit großer Wahrscheinlichkeit, dass man gesund und entspannt zum Start zurück kommt. Wenn hier von Gehen die Rede ist, ist immer ein freiwilliges Gehen gemeint, ein Gehen, das ausgepolstert ist mit Kreditkarte und Personalausweis – eine sichere Ausgangslage.

Warum betonen wir dies in einem kleinen Buch über das Gehen quer durch Deutschland? Vor vier Jahren hätten wir diese Umstände wohl nicht erwähnt. Noch merkten wir es nicht im öffentlichen Raum, auf den Straßen. Damals war die weltweit schon lange bestehende, unfreiwillige Migration kein dominierendes Thema in den Medien. Das änderte sich 2015. Einen Sommer lang berichteten die Medien täglich von einer *Flüchtlings-Welle*. Dieser Begriff blendete die Bilder von Naturkatastrophen über die Bilder von Menschen, die sich in langen Trecks auf der Flucht von Südosten auf Europa zu bewegten. Dass jedem einzelnen dieser Menschen der eigentliche Schrecken in den eigenen Gliedern steckt, sieht man nicht.

Seitdem hat das Weitwandern seine Unschuld verloren, seitdem können wir nicht mehr so einfach sagen, von Zuhause weg zu gehen sei leicht. Das ist es selbstverständlich nur, weil wir wissen, dass es ein intaktes Katasteramt gibt, dass die Nachbarn unser Eigentum nicht plündern, sondern unsere Blumen versorgen, und dass auf dem Konto Ziffern vor dem Komma stehen. Als wir im August 2015 auf der Rückfahrt von Rom über unseren Fußweg der vergangenen fünf Wochen nachsannen und entspannt aus dem ICE in die traumhaft schöne Alpenlandschaft schauten, erlebten wir am Brennerpass diese Sicherheit als Errungenschaft und nicht als Naturrecht, als die Sitznachbarn, mit denen wir Wasser und Kekse geteilt hatten, höflich und eindeutig von Grenzbeamten aus dem Zug gebeten wurden. Kein Lärm, kein Aufschrei, nur verwirrte Ruhe und Höflichkeit. Etwa die Hälfte der Zugreisenden besaß einen Pass und schaute zum Fenster hinauf in die Berge. Wie wir.

Natürlich sind wir Wanderer, aber wir bezeichnen uns lieber als Geher. Wanderer sind Naturliebhaber, Sportler, Naturburschen. Geher sind anders unterwegs. Es geht nicht um den Romantik-Wanderweg und auch nicht um die komfortabelste Hütte. Geher sind keine Urlauber, keine Feriengäste mit Buchung der Erholungsgarantie. Als Geher ist man einfach unterwegs, aber was heißt das? Die inneren Bilder, die viel später im Alltag immer wieder aufblitzen, haben zwar auch mit perfektem Landschaftsbild, mit komfortabler Unterkunft oder kulinarischem Erlebnis zu tun. Aber es spielt keine große Rolle, ob die Matratze zu hart war. Und wenn es schön war, war es schön. Was bleibt, lange danach, das ist das Staunen über jene seltsamen Zufälle, die Irritation über eine besondere oder einfache Begegnung eines Menschen im Wald, an einer Tankstelle oder in einer Küche. Man hört Sätze, die ein Therapeut oder ein Wahrsager hätte soufflieren können.

Wir fühlen uns selten auf dem blauen Globus so sicher und zufrieden wie beim Gehen. Es gibt kein Jammern über morgendlichen Regen, es gibt keine Sorgen um den Tag. Na klar, ein Seufzer darf sein, aber eine Katastrophe ist etwas anderes. Stattdessen wird nach drei Tagen klar, dass man auf das Wichtigste im Leben sowieso kaum einen Einfluss nehmen kann – nachdem man für seine gefüllte Wasserflasche gesorgt hat.

Hape Kerkelings Unbeschwertheit auf dem Camino täuscht über seine Erschöpfung hinweg, die den Fluchtgedanken *Ich bin dann mal weg* erst ausgelöst und dem deutschen Jakobspilgerwesen einen messbaren Schub verliehen hatte. Das Buch des ernsten Komikers machte das zuvor christlich motivierte Pilgern in explizit nicht-religiösen Leserkreisen populär. Mehr noch: Kein Spanier fragt einen Jakobspilger in der Herberge, ob er oder sie heute schon gebetet habe. Ob und was und wie jemand glaubt, gilt als Privatsache. Wer so unterwegs ist, ist von vorn herein akzeptiert als ein Mensch, der sich ausklinkt aus dem täglichen Hamsterrad, der das Risiko eingeht, mit sich selbst allein zu sein und zum teilnehmenden Beobachter des universalen Hamsterrades zu werden. Allein das Gehen mit dem eigenen Gepäck ist ein offenkundiges Bekenntnis.

Gehen braucht Zeit. Es sind die Füße, die das Tempo vorgeben, hunderttausende kleine Schritte, die einen langen Weg begründen. Vier Wochen Zeit am Stück. Wer hat, wer nimmt sich vier Wochen Zeit – nur um im eigenen Land rumzugehen? Im Gehen selbst entsteht die Zeit, so kommt es uns vor. Niemals würden wir diese Schritte von einem Schrittzähler am Handgelenk zählen lassen wollen.

Die Outdoor-Szene boomt seit Jahren. Die Büchertische in den Fachgeschäften liegen voller Reisebeschreibungen. Nichts, was es nicht gibt. Wer liest das eigentlich alles? Angela jedenfalls nicht. Keinen einzigen Ratgeber hat sie gelesen, bevor sie losging. Zum Glück hat Elmar sich vorbereitet; von ihm hat sie ihre Ausstattung kopiert – winddichte Hoodies mit kaum faustgroßem Packmaß, Leibchen von wollenen Schafen, dünne Thermomatratzen – eine Mischung aus Hightech-Materialien und ganz normalen Sachen. Er hatte sich für seinen ersten Weg allein durch die Meseta so intensiv vorbereitet, weil er dachte, es wäre so kompliziert.

Kein stundenlanges Autopacken, bis unter das Dach vollgestopft mit Ferienutensilien, kein aufgeregtes Hin- und Hergehen, kein Aus-dem-Haus-tragen, keine Kühltasche, keine Hörbuch-CDs für die Fahrt, keine Bücher für unterwegs, keine Unterhaltung – alles viel zu schwer. Stattdessen losgehen mit ganz kleinem Gepäck, den Rucksackinhalt auf unter fünf Kilo reduziert, mehr können wir nicht tragen. Mehrfach das Bündel gewogen, das zu große Volumen verkleinert, ein weiteres T-Shirt reingestopft, den Rucksack hochgehalten, doch wieder zu schwer geworden, wieder zu voluminös. Das Zauberwort der Ausstattung heißt: ultraleicht.

Jeden Tag nur gehen, sonst nichts. Jeden Tag das Gleiche: Aufstehen, Rucksack packen, losgehen, irgendwo ankommen, essen, auspacken, schlafen, wieder aufstehen. Keine Sonnengarantie für die kostbarste Zeit des Jahres, den Urlaub, keine Wellness-Buchung, keine Prädikats-Erlebnisse, keine Kicks und Adrenalinstöße. Keine religiösen Krisen, keine Erkenntniserwartung – überhaupt keine Erwartung. Ende offen.

Elmar Lixenfeld und Angela Pfotenhauer
im November 2017

Tag 1 Auf dem Lohrberg blicke ich zum ersten Mal zurück.
Die Stadtlandschaft liegt mir zu Füßen, die Hochhäuser staffeln sich zu einem Stillleben. Heiße, diesige Mittagsluft vergraut die Farben. Spiegelfassaden, Stadtwaldwipfel und der Himmel über Frankfurt schwimmen ineinander.

Stunden zuvor hatte ich den Haustürschlüssel rumgedreht, ein zweites Mal rumgedreht, bis ich das bestätigende Doppelklicken des Metallriegels hörte: das Startsignal. Wie gewohnt nochmal am Türknauf gezogen, und ja: Ich habe wirklich abgeschlossen. Wirklich. Ich habe abgeschlossen, wiederhole ich laut, so dass ich es als fremde Stimme selbst höre. Ich präge mir diesen Augenblick fest ein. Nur für den Fall, dass mich irgendwo auf weiter Flur inmitten deutscher Pampa ein Gedankenkrampf packt: Hast du wirklich abgeschlossen? Es ist mir jetzt vor mir selbst peinlich, dieses konzentrierte Versiegelungsritual, jedes Mal, wenn ich mein Zuhause verlasse. Aber ich brauche das, ich brauche diese Versicherung, die ich mit meiner kleinkarierten Verlustangst abschließe.

Es ist ein magischer Moment, dieses Losgehen. In mir zirkuliert eine irre Zeitverwirrung. Aber ich habe frei. Ab sofort. Ich muss nichts mehr tun, nichts erledigen. Ich kann nichts mehr tun, nichts erledigen. Ich gehe jetzt zu Fuß weg, bin vier Wochen lang nicht erreichbar. Einen ganzen Monat lang fällt mein Wohnort in Tiefschlaf. Was sich dann in Alpträumen abspielen wird, lässt sich nicht überprüfen. Bin ich ein Kontrollfreak? Bin ich ein Angsthase? Bin ich sehr deutsch?

Was ist schon ein Monat! Im echten Leben vergeht ein Monat schnell. Und ach, es ist schon wieder Montag, und waren wir vorgestern im Kino oder war das vor einer Woche, und überhaupt, wieso kommt Weihnachten immer so plötzlich? Nur die Emails, die kleinteiligen Besprechungsangebote, die schrotflintmäßig gefüllten Verteilerzeilen – und wer weiß, wieviele Treffer noch durch Blindkopien erzeugt werden – treiben meinen Puls hoch, der längst die Taktung meiner Uhr ersetzt hat. Fast atemlos drücke ich spät abends lieber noch mal schnell den Empfängnisknopf und checke akute Mails, denn dadurch erhoffe ich mir einen Vorsprung am Morgen: Vorrat an Bedenkzeit, Handlungszeit, Freizeit. Abarbeiten der digitalen Querschläger, um im wirklichen Leben endlich Luft holen zu können?

Deshalb ist es eine Art Selbstversuch: Der Laptop bleibt zu Hause, das nigelnagelneue, noch künstlicher intelligente Smartphone auch. Alles außerdem viel zu schwer. Im Jahr zuvor hatte ich mir ein Tablet mit Extra-Tastatur beschafft und über den Apennin-Pass geschleppt, nur um allabendlich festzustellen, dass ich vor Müdigkeit außerstande war, auch nur die geringste Motivation zu erspüren, das Ding zu bedienen.

Dieses Mal wird wieder mein altes Handy ausreichen, um dann und wann eine Textnachricht mit Beruhigungsfunktion an die Eltern abzusetzen. Emails lassen sich mit dem alten Telefönchen, wie die Italiener sagen, nicht versenden. Die Minimallösung erscheint mir meiner eigenen Smartness angemessen, auch wenn mir die Qualitätssicherung im Kopf bildgewaltig mit dem Aufpoppen endloser Reihen von Emails nach der Heimkehr droht.

Mit gleicher Besessenheit wie an der Haustür habe ich zuvor die Räume kontrolliert und es mir mit Lippenbewegungen eingeprägt: Kühlschranktür saugend nachgedrückt, Wasserkocher wirklich entstöpselt, Fenstergriff eingerastet, letzten Küchenmüll in der Tonne versenkt, Bügeleisenstecker gezogen, Therme auf Null gestellt, Kellerfenster verriegelt, Gartenschlauch für die Nachbarin bereitgelegt, Toiletten kontrolliert – man weiß ja nie, ob man überhaupt wieder zurück kommt.

Was für ein Irrsinn. Im kleinteiligen Selbstkontrollwahn spiegelt sich die Macht der selbst erzeugten Ängste. Nix Spiegel: Genau dieser Wahn erzeugt sie ja erst. Es ist die wahnsinnige Sorge, dass irgendwann die Dinge auf dem Kopf stehen würden.

13

Der Schlüssel wird beim Nachbarn eingeworfen. Fertig. Los. Und, wo geht's lang? Na klar, erst mal um die Ecke, dann durch die Gartenwege; die hundert Zwerge stehen schon Spalier. Wo geht ihr denn heute hin? Der Nachbar kurbelt seine Autoscheibe runter. Nach Görlitz. Ach so, kenn ich nicht, viel Spaß. Danke. Er denkt, wir machen einen Tagesausflug in den Taunus.

Sommer. Wiesen und Felder im Niddapark stehen kniehoch. Es wird ein heißer Tag. Nach langen Bürowochen muss ich aufpassen, dass ich mir nicht schon jetzt einen Sonnenbrand hole. Also lieber sofort das Tuch um den Kopf drapiert. Mit dem kleinen Rucksack fühlt es sich an wie ein Sonntagsspaziergang.

Elmar hat die ersten Übernachtungen vorgebucht, weil es in der Wetterau nicht viele spontane Schlafmöglichkeiten gibt. Außerdem ist es schön zu wissen, dass am ersten Tag ein richtiges Hotel auf einen wartet – in einem Kaff namens Kilianstädten, etwa 22 Kilometer von unserer Haustür entfernt. Es ist auf Geschäftsreisende ausgerichtet, die von dort keine halbe Stunde bis zum Frankfurter Messegelände brauchen.

Wir sagen den Eltern in Frankfurt-Ginnheim Auf Wiedersehen, und Elmars Mutter winkt fröhlich vom Balkon. Erst mal ein Eis holen am nächstbesten Kiosk. Und dann weiter durch die Stadt. An der Kreuzung mit der Eschersheimer Landstraße steckt doch im Gebüsch tatsächlich eine Infotafel zur Via Regia, mit Europakarte. Völlig zweckfrei. Bis dato nie gesehen. Der Marbachweg mit seinem dichten Autoverkehr liegt auf der Linie der alten Hohe Straße. Hier waren sie jahrhundertelang unterwegs, die Soldaten, Kaufleute, Pilger, die Vaganten und Vagabunden – zu Fuß. Die wenigsten werden allein über lange Strecken gegangen sein. Jeder mag wohl froh gewesen sein, wenn er jemanden in gleichem Gehtempo traf, oder er organisierte sich gleich ein Grüppchen.

Es ist ein erhebendes Gefühl, mit dem Rucksack an den Haltestellen vorbei zu kommen. Wir könnten ja mit der U-Bahn ein paar Stationen … Keinesfalls! Gepfuscht wird nicht.

Wir gehen durch den prächtigen alten Baumbestand des Huthparks zum Lohrberg, an dessen Hang Frankfurts Riesling gedeiht – nach der Deklaration der Weinanbaugebiete zum Rheingau gehörig. Das Lokalkolorit wird hingegen vom Apfelwein dominiert. Daher nehmen wir im Streuobstzentrum, in dessen zauberhafter Apfelplantage der rechte Baumschnitt gelehrt wird, einen frischen Saft und geraten unter der hohen Kastanie in einen kurzen Schwatz. In Frankfurt-Seckbach schauen wir nach unserem Freund Günter, Historiker und Magier mit langem weißen Haar. Bücher und Zeitungen wachsen bis unter die Decke seines Zimmers im Henry-und-Emma-Budge-Heim. Vom Rollstuhl aus bedient der Humanist seine Tastatur. Wir sehen uns selten, zu selten.

So wie im gesamten Frankfurter Dörferkranz begleiten uns auch in Bergen-Enkheim Fachwerk, Schiefer und Faserzementplatten, die typische Geschmacksmischung des ländlichen Raumes. Wir folgen einer Anwohnerstraße die Höhe hinauf, an Einfamilienhäusern mit Gärten vorbei, bis die Neubauten enden und der Ackerbau beginnt. Wir verlassen das Frankfurter Stadtgebiet und ein Drittel der Tagesstrecke.

Hier verläuft sie nun, die Hohe Straße, die Via Regia, der Jakobsweg durch offenes Gelände. Die steinzeitliche Trasse, vor wenigen Jahren als Teil des Regionalparks Rhein-Main asphaltiert, spannt sich als schnurgerade Linie über die sanften Hügelrücken Richtung Büdinger Wald und Vogelsberg.

Vor einem Wäldchen ein paar gigantische Liegebänke, Blicke zurück auf die Häusertürme in der Senke, dahinter die Höhe des Taunuskamms, nach rechts in die Wetterau, nach links in der Ferne zum Odenwald, nach ganz links rumgedreht zum Spessart. Wir sind unterwegs.

Die Via Regia in Frankfurt am Main,
hier: Am Dornbusch, dann Marbachweg. 12²⁸ Uhr

Frankfurt am Main → Kilianstädten

Friedberger Landstraße, Ecke Via Regia,
links am Horizont die Europäische Zentralbank.

Frankfurt am Main → Kilianstädten

Der Lohrberg, ein Stück Rheingau
in Frankfurt am Main.

Frankfurt am Main → Kilianstädten

Die Hohe Straße hinter Bergen-Enkheim,
vor uns die Große Loh.

Frankfurt am Main → Kilianstädten

Blick von der Kleinen Loh zurück
nach Frankfurt am Main. 18⁴⁹ Uhr

Frankfurt am Main → Kilianstädten

Tag 2   Es war eine Wohltat, am Abend nach dem ersten Tag zu Fuß in einem Hotel mit Bad und weißem Bettzeug anzukommen. Auch langsames Gehen mit wenig Gepäck macht müde. Gestartet waren wir nicht in einer erholten körperlichen Verfassung, sondern physisch und mental erschöpft von arbeitsreichen Wochen mit Schlafmangel und Hektik. Entsprechend kurz haben wir die Tagesetappen der ersten Gehwoche geplant. Von Kilianstädten bis zum nächsten Ziel, Ronneburg, sind es nur 18 Kilometer, die auch bei der aktuellen Sommerhitze gut zu schaffen sind. Pausen dürfen ohne schlechtes Gewissen auch mal länger dauern.

In der hügeligen, fruchtbaren Wetterau, seit der römischen Antike als Getreide- und Gemüsekammer genutzt, kommen wir immer wieder an Windrädern vorbei. Der Boden ist satt und fett. Soweit das Auge reicht, Felder. Und hohe, unten in Grünstufen, oben weiß gestrichene Windradtürme. Nullkommadrei Wattstunden pro Frage an eine Suchmaschine, oder die Energiesparbirne eine Stunde lang brennen lassen.

So nach Osten über die Feldwege ziehend, kommt mir der Venezianer Marco Polo in den Sinn. Nicht, dass ich mich mit dem venezianischen Kaufmann und seiner spektakulären, jahrzehntelangen Reise nach China vergleichen wollte. Das ist es nicht, sondern die Tatsache, warum der Name noch sieben Jahrhunderte nach seinem Tod so nach Freiheit und Abenteuer klingt, dass sich sogar ein Modelabel nach ihm benannte.

Millionen von Menschen sind seit Beginn der Menschheitsgeschichte lange Strecken, sogar über Kontinente zu Fuß gegangen, hatten verrückte Biografien. Nichts ist von ihnen erhalten. Allenfalls Spuren im Genpool von allen heutigen. Von Marco Polo wissen wir, weil er – in Genueser Gefangenschaft vielleicht unter Mitarbeit seines Mitgefangenen, des Autors Rustichello da Pisa – geschrieben hat, ein Buch verfasst hat. Warum hat er auf der Reise keine Briefe nach Hause geschrieben? Hat er vielleicht. Aber wer hebt schon Briefe auf? Wer

26

außer ihm war noch in der Mongolei, in Persien und China? Offenbar einige Europäer, wie man durch Zufallsfunde weiß.

Seit Jahrhunderten stritten die Leser über Marco Polos in mehrere Sprachen übersetzten Reisebericht *Die Aufteilung der Welt* (*Le divisament dou monde*): War er wirklich 23 Jahre lang unterwegs, oder dachte er sich die phantastischen Geschichten in seiner Haftzeit in Genua aus? Die Kriterien für die Argumente Pro und Contra sind interessant. Ethnologen, Sinologen, Literaturwissenschaftler, Historiker analysieren den Wahrheitsgehalt seiner Schilderungen und vergleichen sie mit anderen Übersetzungen und Quellen aus China. Warum hat er die Chinesische Mauer nicht erwähnt, jenes größte bekannte Bauwerk der Menschheit, an dem zweitausend Jahre lang gebaut wurde? Weil die Große Mauer zu seiner Zeit ein vom Wüstensand verwehter, strategisch uninteressanter Lehmbau war, der seine heute bekannte Gestalt erst Generationen später in der Ming-Dynastie erhielt. Dafür berichtet Polo detailliert über die Provinzverwaltungen im seinerzeit mächtigsten Reich der Welt, beschreibt Brückenkonstruktionen und das chinesische Steuer- und Papiergeldsystem, weiß von Hafenstädten, schildert die Qualität von Handelsgütern wie Seidenstoffen, Edelsteinen oder Gewürzen. Nur über sich selbst schreibt er wenig.

Was also macht Reiseliteratur interessant? Das Exotische ist es offenbar nicht allein, die Welt ist geschrumpft und das Wissen potenziert. Deshalb spielt auch der Serviceteil im Merian-Magazin heute keine große Rolle mehr. Jede Websuche mit dem Smartphone eröffnet ein breiteres Universum an praktischen Tipps als ein gedruckter Baedeker oder jene Outdoor-Buchreihe, die nach Marco Polo benannt ist. Um Service und Reisevorbereitung geht es also nicht mehr. Vielleicht mehr um Geschichten, um Erzählungen; wie ist das denn so zu Fuß?

Mal ist es die Prominenz des Autors, wie bei Hape Kerkelings autobiografischem oder Shirley MacLaines surrealem Camino-Bericht; manchmal begeistern einen die Umwege, die ein Autor zum Thema macht, wie etwa Cees Nooteboom. Und ein anderes Mal sind es die weitsichtigen Metaphern eines Roger Willemsen, die den Leser zu Menschen in fernen Gegenden zaubern. Manchmal geht es um Abenteuer und Rekorde, wie bei der unerschrockenen Rennfahrerin Clärenore Stinnes, die 1927 als erster Mensch in einem Auto die Welt umrundete, obwohl es damals in den meisten Regionen noch keine Straßen gab. Ein Fußweg durch Deutschland ist gemessen an diesem lebensgefährlichen Unternehmen ein Sonntagsspaziergang.

Apropos Spaziergang: Genau darum geht es uns, um das langsame Gehen selbst. Denn wir wollen ja nicht nach Görlitz, sondern wir wollen auf der Via Regia nach Görlitz *reisen*. Und das könnten wir eben nicht mit einem Auto machen wie Clärenore Stinnes. Wer die Via Regia über Autostraßen abfährt, will die Städte sehen, wie Perlen an einer Schnur, will an die Ziele gelangen, dort sein, in Eisenach, Erfurt, Leipzig, Görlitz, will die schönen Altstädte, die Dome, eben das ganz Besondere besichtigen. Uns aber geht es nicht um das Einzeldenkmal, sondern um das Gegenteil: um die Zwischenräume. Insofern ist es folgerichtig, dass wir den noch jungen Ökumenischen Pilgerweg rückwärts gehen, eben anders herum. Die städtischen Zentren *sind* nicht die Via Regia, sondern liegen *auf* der Via Regia. Landschaft und Dörfer zwischen den Städten machen die längsten Strecken der Via Regia aus.

Der Weg selbst ist das eigentliche Denkmal. So wie die Echternacher Springprozession als Unesco-Welterbe nur existiert, so lange die Leute jedes Jahr springen, so existiert die Via Regia im kollektiven Wissen dadurch, dass es Menschen gibt, die sie gehen. Das Gehen ist sozusagen die Aufführung des Weges.

Was wir tun, ist insofern nichts Individuelles, Privates. Tatsächlich gibt es Spaziergangsforscher, *Promenadologen*. Es war der Basler Kulturtheoretiker Lucius Burckhardt (1925–2003), der die Promenadologie als Methode des reflektierenden Wahrnehmens im öffentlichen Raum etablierte. Bewusst spazierend, mit offenen Sinnen schlendernd und sich umschauend, wollen Promenadologen das Verhältnis zwischen Mensch, Stadt und Landschaft erkunden. Anders als etwa bei einem Smartphone-Schnappschuss, der das schöne Foto, das Selfie vor einem romantischen Einzelmotiv mit blauem Himmel sucht, geht es nicht darum, die unangenehme Lebenswirklichkeit auszublenden, wegzuretuschieren, sondern Architektur und Umgebung in ihrer Gesamtheit zur Kenntnis zu nehmen.

Es interessieren uns nicht so sehr die touristisch erarbeiteten Freizeitwege, die vom regionalen Stadtmarketing dafür ausgezeichnet werden, dass sie sämtliche unverzichtbaren, aber als nicht vorzeigbar bewerteten Randerscheinungen der Zivilisation, Autobahnbrücken, Industriegebiete und Asphaltwege, ausblenden.

An Tag zwei unserer Reise hat sich nichts im Sinne von aufregenden Einzeldenkmalen ereignet. Ja, es wäre schön gewesen, den Fußweg noch über den Glauberg mit dem Keltenmuseum zu führen, doch dafür hätte unsere Route zu viele Zacken bekommen. Dennoch wissen wir uns auf den Spuren der Kelten, über deren Leben Archäologen immer mehr herausfinden. Die Kelten waren zu Fuß weitaus mobiler als man es sich lange Zeit vorstellen konnte. Generationen vor Etablierung der Via Regia reisten sie tausende Kilometer auf dichten Wegenetzen und Flüssen quer durch Europa bis Asien.

Und noch etwas gehört zu Tag zwei: etwas, das für den Verlauf von Europas Geschichte außerordentlich bedeutend, doch nach fast zweitausend Jahren in der hessischen Landschaft kaum noch zu erkennen ist: Kurz vor der Autobahnüberquerung der A45 kreuzen wir den Limes, die antike Außengrenze des Imperium Romanum. Im Unterschied zu manchen modernen Staatsgrenzen war der Limes keine undurchdringliche Mauer, sondern eine militärisch bewachte Kontrolllinie, in deren Schutz Nachrichten und Waren transportiert wurden.

Wir sind einfach darüber hinweg gegangen.

29

Südliche Wetterau, am Horizont
der nördliche Ausläufer des Taunus.

Kilianstädten → Neuwiedermus

Hohlweg bei Marköbel.

———

*Übergang über die Autobahn A45,
kurz hinter dem Obergermanisch-
Raetischen Limes.*

Die Ronneburg.

———

*Diogenes-mäßig: im Röhrenhotel des
Jugendzentrums Ronneburg. 21⁰² Uhr*

Kilianstädten → Neuwiedermus

Tag 3 Ich wache auf in der Betonröhre. Vogelgezwitscher, blauer Sommerhimmel, Waldrand. Unter dem hellgrauen Gewölbe aus fein poliertem Industriebeton ließ es sich bestens ruhen. Respekt vor dem Schreiner, der den minimalistischen Innenausbau übernommen hatte. Einfach und maßgenau. Kein Farbengeruch, gutes Raumklima. Wie ein riesiges Insektenhotel.

Wir hatten Glück, hatten das Röhrenhotel zufällig im Internet entdeckt, als wir nach einer Bleibe noch vor dem Büdinger Wald suchten. Erst wenige Tage vor unserer Ankunft hatte das *Jugendzentrum Ronneburg* dieses spezielle Übernachtungsangebot in Betrieb genommen. Wir gehören zu den ersten Gästen. Die vier Röhren neben uns sind unbewohnt. Keine Insekten, keine Menschenstimmen weit und breit. Auf dem Weg über die Wiese zum Frühstückssaal geht es los: Jugendorchester auf Probenfreizeit. Fühlt sich an wie damals auf Klassenfahrt. Auch nicht viel anders als in den frühen Siebzigerjahren dürfte sie heute aussehen, die Bautengruppe der weiträumigen Jugend-Sport-Anlage auf dem Weißen Berg. Solide und unspektakulär gebaut, mit Schwimmhalle, Sportplätzen und Gruppenhäusern. Eine landschaftlich schöne Lage, hoch über den Ortschaften Altwiedermus und Neuwiedermuß mit Esszett, mit Blick auf die Ronneburg und die markante Renaissancekuppel des Bergfrieds.

Mitten durch den Büdinger Wald folgen wir zwischen mächtigen Eichenalleen und fürstlichen Grabmälern dem alten Weg, der hier Reffenstraße heißt, und fühlen uns beobachtet. Drückjagden finden heute keine statt. Im nächsten Straßendorf suchen wir zwei Mettbrötchen mit Cola. Die Metzgersfrau erzählt: Ja, Sie sind in Leisenwald, der Name kommt von Geleis, der Spur, die die Karren oder der Verkehr überhaupt damals ins Gelände eingeschliffen hat. Die haben die Leute vor Jahrzehnten zugeschüttet, weil die anderen Leute da ihren Müll abgeladen hatten. Wenn Sie vorne hochgehen und dann halbrechts …

34

Das Gebüsch schauen wir uns an, als Beleg für die Historizität der Strecke.

Unser Wunschbett für die dritte Nacht hätte in Bösgesäß – nicht zu verwechseln mit Bös-Gesäß – stehen sollen; wir konnten nur eines in Birstein vorbuchen. Als gelernte Städter finden wir das ganze Bauten-Ensemble mit seinen heutigen Mischnutzungen hier verwirrend und exotisch. Wir sind offenbar im historischen Zentrum. Gleich neben der Sonntagsschule und der älteren Lateinschule soll die alte Volksschule sein. Auf dem kleinen Platz zwischen den stattlichen Fachwerkgebäuden finden wir nur das beklebte Auto einer Fahrschule. Hier ist es, das Gästezimmer *Alte Schule* gleich Fahrschule.

In einem Garten, der sich als Anhängsel des öffentlichen Platzes darstellt, wird der Grill angeworfen, Nachbarn bringen Bier und Salatschüsseln. Alles sehr privat. Wir winken rüber.

Auf Schildern an den holzverschindelten Fachwerkhäusern steht: Pizzeria, Döneria, Bäckeria. Die Fassaden wurden in unterschiedlichen Jahrzehnten des späten 20. Jahrhunderts saniert, irgendwann war Geld dagewesen für denkmalpflegerische Erhaltungsmaßnahmen. Anbauten, Umbauten, alte Giebel, zusätzliche Giebel, aufwendige Holzfenster, Kunststofffenster mit Sprossen in Aspik, aufgearbeitete Holztüren, wertige Fertigtüren. Und in der Kehre der Schlossstraße mit den parkenden Autos ein großes Tor, eine Vorfahrt, dahinter ein Schloss. Birstein, Perle des Vogelsberges.

Es würde mir das entspannte Gehen am Tag nehmen, wenn ich zu beachten hätte, dass ich am Abend noch über ein Kulturdenkmal mit fünf Sternen zu jubeln hätte.

Beim Gehen ist man *in* der Welt, kein Betrachter mehr *auf* die Welt. Man schaut nicht auf einen Bildschirm, ich mag nicht einmal auf ein Kameradisplay blinzeln. Deshalb habe ich keinen Fotoapparat dabei, sondern ein kleines Notizheft, eine Art Serviette, mit der ich auftupfe, was von der blubbernden Buchstabensuppe in meinem Kopf danebenkleckst.

Man bewegt seinen Leib durch den Raum, anders als beim Besichtigen, wenn man selbst von Objekt zu Objekt springt. Der Weg ist beim Besichtigen ein Zuüberwindendes, das Ziel ist das Ziel, das Ende des Weges. Dann geht's zurück. Beim Gehen hingegen sind die Objekte Erscheinungen, die zu Bestandteilen des Wegeraumes werden, sobald man vorübergegangen ist. So wird auch das wertvolle Schloss Birstein nur zu einem Tupfen im Erinnerungsbild. Egal wo du bist, du weißt beim Gehen, dass es im wörtlichen Sinne etwas Vorübergehendes ist und du am nächsten Tag woanders sein wirst. Deshalb wird es beim Gehen von Tag zu Tag gleichgültiger, ob das Brötchen gut oder hart war, ob das Bett gemütlich oder durchgeschaukelt war, ob die Dusche frisch gefliest ist oder ob es nur ein Waschbecken mit kaltem Wasser gab.

Beim Gehen bin ich in der Welt. Alles ist echt. Bilder erster Ordnung sozusagen. Die Sonne, der Regen, die Blüte, der Durst. Anders als im Alltag zu Hause gibt es keine ständige Berichterstattung, kein Fernsehen, kein Radio, keine Textfetzen über Twitter. Die Weltereignisse erreichen einen auf andere Weise, entweder beim Eis holen am Kiosk, wo die Zeitungsständer mit fetten Schlagzeilen lauern, oder beim Imbiss, wo in einer Raumecke ein Display von der Decke flimmert. Wenn es nicht gerade Tanzzuckungen sind, dann erwartet einen das Frühstücksfernsehen mit doppelspurigem Nachrichtenticker am Bildrand. Heute, sagt die Gemüsefrau, die wir in Birstein nach dem Weg zur Alten Schule fragten, habe ein Schüler im Olympia-Einkaufszentrum in München neun Menschen *in die Luft gejagt*. Ich weiß nicht, was ich in diesem Augenblick bedrückender finde, das furchtbare Ereignis in München oder den Gemütszustand der Gemüsefrau, die ich vor einer Minute noch nicht kannte, und die offenbar den ganzen Tag entsetzt zwischen Kartoffeln, Tomaten und Gurken vom Horror im Radio begleitet wird. Das Schlimmste ist ja die Panik, erklärt sie mir, die unter den arglosen Leuten beim Shoppen ausbrach, die hat viele weitere Menschen verletzt. Die stolpern dann über die Rolltreppen und überhaupt, in so einer Großstadt wolle sie auch nicht leben. In Birstein ist kaum ein Mensch auf der Straße. Ich will nur Ruhe nach dem langen heißen Tag, fühle mich staubig und bin irgendwo in Deutschland, dazu die Schreckensnachricht aus München. Aufs Klo muss ich dennoch. Wohin mit der Verwirrung? Vor 100 Jahren hätte ich meinen Rucksack auspacken und meine Gedanken sortieren können. Mit der Nachricht im Kopf packe ich mein Handtuch aus, frage mich, ob ich im Innenhof eine Wäscheleine aufspannen darf und verstumme angesichts der toten Shopper in München.

Heute Abend ist uns nach regionaler Küche. Wir entscheiden uns für die *Vogelsberger Bauernstube*. Elmars Essen liegt auf einem Motivteller: Er arbeitet sich zu einem Bild vor, das ihm dann zeigt, was er gerade aufgegessen hat. Ach so, ja, es war eine Pizza.

Morgen werden wir die Hohe Straße verlassen, denn wir wollen verschiedene historische Wegeverläufe kombinieren. Ab Birstein schlagen wir uns in nordöstlicher Richtung auf eigene Faust durch die Gegend. Nach eineinhalb Tagen werden wir hinter Neuhof die Linie der Via Regia betreten, die von Südwesten über Hanau, Gelnhausen und Steinau an der Straße – benannt nach *der* Straße, nämlich der Via Regia – führt.

Warum aber will ich über den so provinziellen wie ungefährlichen Weg zu Fuß quer durch Deutschland überhaupt schreiben? Zur Selbstvergewisserung. Ich wunderte mich schon in den Jahren davor auf unserem Spazierweg über die Alpen, dass mancher, der mich auf dem Weg oder später zu Hause auf diese Gehwochen ansprach, erstaunt war, dass *sowas* überhaupt *gehe*. Mich interessiert, warum ich oft höre, *Das könnte ich nicht*.

Ich erinnere mich, dass ich diese Langstreckengeher, geschweige denn die Pilger, früher selbst befremdet beäugte.

Auf der Reffenstraße durch den Büdinger Wald.

Neuwiedermus → Birstein

Im Vogelsberg, Hettersroth.

Holzschindeltypen in Birstein:
Rechteckschindel, Hirschzunge,
Brettschindel, Rhönschindel.

Im Vogelsberg, Hitzkirchen.

Spiegelglatte Nostalgie.

Neuwiedermus → Birstein

Tag 4 Beim Aufwachen am nächsten Morgen habe ich schon wieder Hunger. Es zieht mich zum Bäcker auf der Hauptstraße, der seit sieben Uhr geöffnet hat. Eine Schlange formiert sich gelassen den schmalen Bürgersteig entlang. Friedliche, freundliche Atmosphäre unter den Wartenden. Die Leute kennen das hier und stehen geduldig an, sie wissen, dass es sich lohnt: Der Bäcker backt alles selbst. Warten verbindet, und das nutzen wir aus, um die erfahrenen Birsteiner in eine Debatte zu verwickeln, wie wir denn am besten nach Magdlos kämen. Nach Magdlos? Mit dem Auto oder mit dem Rad? Zu Fuß. Zu Fuß, ach herrje, da gibt es mehrere Möglichkeiten, die Gegend muss man kennen. Durch das Tal oder über den Hügel oder durch den Wald … aber dann kommt ja noch der Bach, die Salz, und einen von den beiden Stegen muss man finden …

Mir waren die Details egal, denn irgendwie kommt man ja immer über einen Bach in Hessen, und wie immer war mir klar, dass wir am Abend an unserem Ziel angekommen sein würden. Die Brote und Kuchen in der alten Ladentheke sahen verführerisch aus, dufteten und riefen: Iss mich. Gerne hätte ich kräftig zugelangt, doch wisse, dass du jedes Gramm selbst auf dem Buckel schleppen musst. Also frühstücke an Ort und Stelle gerade so viel, bis du satt bist, aber nicht wieder bettschwer wirst. Wichtiger sind die gefüllten Wasserflaschen.

Der Weg von Birstein nach Magdlos war hart. Peinlich, aber wahr: Wir haben uns verlaufen. Aus den geplanten 22 Kilometern wurden mindestens 30. Das Wasser war zu wenig für diesen angeregneten schwülen Julitag, die Beine wurden schwer, die Brötchen reichten nicht, der Abend nahte, und besonders zermürbend war die Unsicherheit, ob wir immer noch im Kreis gingen – ein schöner Kreis, immerhin.

Felder, ab und zu ein Hof, eine Birkenallee, ein Waldsee. Ein Dorf, dessen Höfe aussahen, als sei die Zeit stehen geblieben. Idylle. Vor lauter Staunen über diese Strukturen sind wir hinter den Schönhöfen vor der Waldschule nicht links weiter runter zur Salz gegangen, sondern geradeaus und irgendwie um den Pfaffenkopf oder auf den Pfaffenkopf oder das, was wir für den Pfaffenkopf hielten.

Wieso haben wir die Himmelsrichtung verloren? Wieso haben wir nicht wie letztes Jahr das GPS-Dings mitgenommen? Das würde uns jetzt retten. Wir sind nicht davon ausgegangen, dass sich die Wege so verschlingen. Das Gemeinste waren die kleinen Wegemarken mit dem Wörtchen Rundweg. Genau, wir haben sie kennengelernt, die Rundwege im Naturschutzgebiet um den Pfaffenkopf mit dem schluchtartig tiefen Einschnitt der Salz.

Rundwege! Wie kann man nur Rundwege gehen? Mit dem Auto hinfahren und dann im Kreis gehen. Was soll das? Wozu geht man überhaupt los, wenn man wieder auf dieselbe Stelle tritt? Eben. Weil man zurück zum Auto muss. Es war aber kein Mensch weit und breit zu sehen auf den Rundwegen. Sie werden also gar nicht genutzt, die nach irgendwelchen Lokalpatrioten benannten Rundwege. Sie wurden einzig und allein angelegt, um uns im Kreis zu führen: damit wir nicht wegkommen, nicht rauskommen aus dieser Naturhölle an einem feuchtheißen Sommertag. Die regionalen Rundwegsplaner – und Rundwegsplanerinnen, besonders die! – können ja nicht wissen, dass wir nach Polen wollen: Und zwar noch in diesem Leben. Aber *Du* wolltest ja beim Bäcker nicht zuhören und es dir merken, aber *Du* bist doch für die Streckenplanung zuständig, ich für den Proviant, und überhaupt, ich will heute Abend eine Dusche und ein Spiegelei in Magdlos. Wehe, die haben dort nichts zu essen.

Endlich, dann hatten wir ihn, den Weg nach unten durch den Wald an die Salz, und schwupps, an einer romantisch dahingestellten Mühle vorbei über den Bach. Geschafft. Ab jetzt wird alles besser. Magdlos, wir kommen. Was für eine zauberhafte Mühle, und da wohnen sogar Leute, obwohl hier keine Straße hinführt. Interessant.

43

Doch oha, Magdlos war immer noch weit. Vorher kam dieses merkwürdige Neubaugebiet in der Straßenschleife mit dem grandiosen Neubau des Bauunternehmers, bewacht von den Gipslöwen, die immer so grimmig die Augen zukneifen. Immerhin gab es ein Pausenbänkchen oberhalb des ikonografischen Wirrwars. Ich wurde wieder arrogant. Es ging mir also besser. Und gegen jede Vernunft hatte ich doch noch zwei Brötchen mehr in den Rucksack gepresst. Das rettete uns jetzt das Leben und die Laune.

Eine lange schicke neue Landstraße erwartete uns mit leichtem Anstieg. Ab und zu jagt einem auf solchen Pisten ein Jungführerscheininhaber in mattfolienkaschierter Karosse entgegen, und man pariert mit einem seitlichen Ausfallschritt über den Straßengraben. Manchmal, ganz selten, kommt einem ein Traktor aus den Fünfzigerjahren entgegen. Moment mal, der Typ, der da auf dem Schalensitz schaukelt, sieht doch aus wie Gregor, der Seniorarchitekt, den wir aus Frankfurt kennen. Er stellt das Tuckern ein. Gregor?! Keiner von uns dreien kann es fassen, dass wir hier zwischen Katholisch-Willenroth, Kaltenfrosch und Sterbfritz aufeinander treffen.

Gregor holt seinen sensationell restaurierten knallroten Porsche aus der Werkstatt ab und fährt demnächst wieder mit 20 Kilometern pro Stunde von Frankfurt nach Italien. Und wo geht ihr hin? Von Frankfurt nach Görlitz, mit vierkommafünf Kilometern pro Stunde. Wir halten uns gegenseitig für unzeitgemäß und lachen uns kaputt. Dann *zieht jeder seines Weges fröhlich*.

Einen Ort weiter sind riesige Traktoren im Einsatz, gegen die seiner aussah wie die Dekoration einer Spielzeugeisenbahn. Auch die Einfamilienhäuser wirken im Vergleich mit unseren Frankfurter Verhältnissen zyklopisch. Die zugehörigen Doppelgaragen hier in der Provinz sind größer als unser Reihenhaus.

An der Kreuzung zur Hauptstraße steht ein Hotel, wie man es eher in Bayern finden würde. Geschnitzte dunkle Holzbalkone, rustikale Treppengeländer. Ob die Gaststube tagsüber geöffnet hat? Wie weit wollen Sie denn heute noch gehen?, fragt die Wirtin über die großen Apfelsaftgläser hinweg. Bis Magdlos? Das ist aber noch ein ganzes Stück. Sie verrät uns eine Abkürzung, gleich hinter den Sportplätzen am Ende des Ortes hoch durch den Wald, dann immer geradeaus.

Nach einigen Windparks in den Ausläufern des Vogelsberges schaffen wir es knapp vor der Dunkelheit und sitzen in Magdlos bei Frau Bäcker an der Theke. Wie so oft heißt die zentrale Gaststätte am Platze, gegenüber der Kirche, *Zur Krone*. Und auch wenn wir die einzigen Übernachtungsgäste sind und die Küche kalt bleibt, drapiert uns die Wirtin ein klassisches Abendbrot mit Spiegeleiern neben das kalte Fassbier.

Ich bin versöhnt mit der Welt und habe das Gefühl, ich bin Lichtjahre von meinem Stadtleben in Frankfurt entfernt. Unsere Zeitreise hat mich in ein gepflegtes Ambiente der Sechzigerjahre versetzt, und ich weiß es in diesem Moment zu schätzen, dass es manchmal Menschen und Umstände gibt, die entschieden haben, den alten Zustand einfach zu belassen. Wie unwohl würde ich mich jetzt in der Filiale einer Hotelkette fühlen, pseudoschick und austauschbar, in allen Orten Europas gleich. Schon klar: der Service, die Erwartung, die Gewohnheit, der Komfort …

Das Frühstück am nächsten Morgen zeigt einen kurzen Ausschnitt der Kulturgeschichte des Gasthauses im 20. Jahrhundert. Selbstgemachte Erdbeermarmelade, ornamental auf den Teller gefaltete Käsescheiben mit gefächerten Reihen mehrerer Wurstsorten dekoriert, dazu Filterkaffee und Tee. Wunderbar. Es besteht keine Gefahr, dass dieses Arrangement als Food-Selfie den bewertungshungrigen Sozialnetzwerken mit Likes oder Shitstorm ausgesetzt werde. Ein perfekter Auftakt zur letzten Etappe bis Fulda, dem alten Erzbistumssitz.

45

Trost während unserer Ungeduld beim Pfaffenkopf:
Impatiens glandulifera (Drüsiges Springkraut).

Birstein → Magdlos

Ausweg in ländlichen Regionen:
nur mit Kraftfahrzeugen.

Glücklich angekommen in Magdlos.
20⁰⁹ Uhr

───

Frühstück in Magdlos. 8⁰² Uhr

Tag 5 In Fulda-Petersberg haben wir die einzige Verabredung mit anderen Menschen auf unserem Fußweg getroffen: Wir sind seit Wochen schon bei Daniela und Gerald angekündigt – ganz privat, nachdem beide, selbst begeisterte Geher, uns nachdrücklich angeboten hatten, dass wir bei ihnen doch übernachten könnten. Normalerweise nehme ich solche freundlichen Angebote nicht an, aber die beiden beteuerten, dass es nur um die einfache Gästecouch ginge und sie ganz bestimmt auch mit dem Abendbrot keinen Extraaufwand treiben würden. Nur schlafen, dann weitergehen.

So eine Verabredung verändert doch tatsächlich das Gehgefühl, wenn 23 Kilometer unbekannte Strecke vor einem liegen, man sich am Tag zuvor verlaufen hat und nicht einschätzen kann, ob sich das Wetter hält. Es wäre mir unangenehm, die Gastgeber warten zu lassen. Insofern bringen wir ein bisschen Zug in den Schritt. Allerdings verfalle ich vor einem Neuhofer Schaufenster in eine Kurzmeditation, weil ich auf dem Werbedisplay ein Mantra lese: *Die 7-Jahre-länger-leben-als-du-denkst-Versicherung.*

Am Ortsende von Neuhof klebt am Pfahl ein Schildchen mit gelben Strahlen auf blauem Grund, die Jakobsmuschel. Ein Straßenschild weist schräg links hoch – tatsächlich, die Alte Heerstraße. Das ist der Weg, den Handelsleute, Pilger, Truppen, Handwerker gegangen sind. Viereinhalb Tage sind wir jetzt unterwegs, gut 100 Kilometer. Mit leichtem Gepäck und leichtem Gemüt – ohne Waren oder Lanzen, die zu transportieren wären, ohne ums Seelenheil zu bangen. Viele Kollegen fahren solche Strecken täglich mit dem Auto zur Arbeit nach Frankfurt. Viele Handwerksbetriebe aus der Region um Fulda arbeiten im Rhein-Main-Gebiet, sogar Lehrerinnen und Verwaltungsangestellte kenne ich. Und ich gehe dafür fünf Tage. Es geht.

Das eindrücklichste Bild von Tag fünf ist jener Ausblick, der sich auftut, als wir nach dem langen geraden Anstieg der Alten

Heerstraße am Ende des grünen Tunnels aus dem Wald treten. Wie in einem Diorama schmiegt sich die Stadt Fulda mit dem deutlichen Dom in die weite Talsenke hinein.

Mit Erleichterung über die Strecke, die wir bereits hinter uns gebracht haben, gehen wir leichtfüßig zwischen Feldern und Wiesen den Hügel hinab auf Fulda zu. Gleich beginnt die Besiedlung rund um die Propstei Johannisberg. Fröhlich spazieren wir durch das alte Tor in einen der Innenhöfe der Propstei, die uns beiden als Fortbildungszentrum für Handwerker und Ingenieure in der Denkmalpflege bekannt ist. Gelegentlich waren wir in den letzten Jahren beruflich dort. Als Autofahrer orientiert man sich daran, dass die Propstei Johannisberg etwas außerhalb der Stadt auf einem kleinen Berg liegt. Doch zu Fuß den Höhenzug hinab auf die Propstei zuzugehen, das ist ein wörtlicher Vollzug des Perspektivenwechsels.

Wir haben noch genug Proviant für ein Picknick im Rucksack, denn unsere Magdloser Wirtin hatte uns ermuntert, zuzugreifen, und so nutzen wir wieder einmal die geschenkte Gelegenheit, als Staffagefiguren einer idyllischen Vedute mitzuspielen, indem wir uns im jüngst wieder aufgepflanzten Barockgarten von Johannisberg zum Vespern unter einem Baum ausbreiten, während uns die Stadt Fulda zu Füßen liegt.

Am Horizont sättigen sich die Grauwerte des Himmels, es geht auf den Abend zu, und so stapfen wir von der Propstei weiter abwärts Richtung Dom. Der Weg in die Innenstadt führt die Fulda entlang durch einen langgestreckt angelegten Park, in dem sich Sonntagsspaziergänger – ach ja, wir haben Sonntag! – und Familien tummeln. Obwohl man den Regen schon riechen kann, muss ein Eis am Eiswagen sein, und so gelangen wir durch strömend warmen Sommerregen zum Dom. Wie andere Kirchgänger auch nutzen wir die barocke Kathedrale, um in unseren klitschnassen Klamotten auszudampfen. Triefend fragen wir uns bis zur Sakristei durch, um uns schnell noch den Ausweis abstempeln zu lassen. Ja, einen Pilgerausweis.

51

Jeder von uns besitzt einen so genannten Pilgerpass für den Ökumenischen Pilgerweg Görlitz–Vacha. So ein nichtstaatliches und dennoch wertvolles Ausweispapier kann jeder beantragen und bekommt es für wenige symbolische Euros per Post zugeschickt. Nur mit einem solchen Ausweis und gegen einen geringen Betrag wird der Eintritt in eine Pilgerherberge gewährt. Der Passinhaber geht die Vereinbarung ein, sich stets höflich und anspruchslos zu verhalten. Dies ist die Basis für ein Geben und Nehmen, das eine solche Fußreise seit Jahrhunderten unter verbrieften Schutz stellt. Der Pilgerausweis wird uns auf dem Fußweg nach Görlitz also einen besonderen Status und eine gewisse Glaubwürdigkeit verleihen, selbst wenn wir ihn nur als Souvenirsammlung verstünden.

Zu Fuß pilgern in Europa, das bedeutet in der Regel seit Jahrhunderten: Pilgern im Zeichen der Jakobsmuschel oder des Petrusschlüssels, entweder nach Rom zu den Gräbern der Apostel Petrus und Paulus, oder zum legendären Grab des Apostels Jakobus nach Santiago de Compostela. Ein regelrechtes Netz von Jakobswegen durchzieht Europa, die Wege bündeln sich in den Pyrenäen und führen als Camino Frances nach Santiago. Diese Ziele geben also die Richtung vor. Wir aber gehen rückwärts.

Pilgern nach und durch Spanien – das ist das, was man im 21. Jahrhundert mit Pilgern verbindet. Mehr als 270 000 Pilger wurden im Jahr 2016 in Santiago registriert, die Dunkelziffer der Nichtankömmlinge nicht berücksichtigt. Modernes Pilgern kann heute freilich auch ein Pilgern ohne Gott sein. Es ist überhaupt nicht zwingend, christlichen Inhalten zu folgen, sondern es gibt vielfältige Motive, warum jemand losgeht und wie auch immer er das dann nennt: Wanderung, Auszeit, Selbstfindung, Kreativzeit, Krisenbewältigung, Meditation, Natursehnsucht, Urlaub. Warum nicht? Auf der Via de la Plata zum Beispiel bleibt der Pilger von inquisitorischen Nachstellungen völlig unversehrt. Schade eigentlich, so muss er den Grad seiner Integrität durch zähe Selbstbefragung mit sich selbst aushandeln. Wen dieser undogmatische Betrieb überfordert, kann auf seinem Weg nach Rom beispielsweise in den Herbergen der italienischen Jakobusgesellschaft einkehren.

Der Ökumenische Pilgerweg ist eine junge, außergewöhnliche, und wie sich in den nächsten Wochen zeigen sollte, bezaubernd gastfreundliche Privatinitiative einer einzelnen Frau, die selbst zu Fuß mit Rucksack in Deutschland unterwegs war und auf diese Weise eine ungeahnte Gastfreundschaft erlebte.

Auf der großen Linie der Via Regia von Kiew nach Paris hat sie den Abschnitt Görlitz–Vacha rekonstruiert. Große Strecken der historischen Trasse bilden sich durch kontinuierlichen Verkehr bis heute in Bundesstraßen ab, die von der heutigen Wegführung quasi umspielt wird, so dass sich der Weg gut bewandern lässt.

Er ist in einem kleinen gedruckten Reiseführer beschrieben und listet Ansprechpartner mit Telefonnummern in den oft sehr kleinen und abseits gelegenen Dörfern auf. Diese netten Menschen helfen einem Reisenden auf dem Weg ehrenamtlich weiter, bieten einen sauberen, sicheren Übernachtungsplatz an und stehen in sachlichen oder seelischen Notfällen freundlich zur Seite.

Wir gehen den Weg Görlitz–Vacha rückwärts, weil wir erstens an der eigenen Haustür losgehen wollten; zweitens, weil wir wissen wollten, wie Deutschland aussieht und drittens, weil es in Görlitz ein Pilgerziel gibt, das *Heilige Grab*. Dies ist eine Architekturinstallation aus dem späten 15. Jahrhundert, zu der man stellvertretend wallfahren konnte, wenn einem die Pilgerfahrt nach Jerusalem zur Grabeskirche Jesu aus vielerlei Gründen nicht möglich war. An einigen Orten wurden seit dem 11. Jahrhundert *Heilige Gräber* gebaut, etwa in Gernrode, in Speyer oder Augsburg. Und eben auch in Görlitz.

In Hochgebirgsstimmung bei der Heuernte:
Wandgemälde in Federwisch oder in Rommerz.

Magdlos → Fulda

Kalimandscharo: Abraumberg des Kaliabbaus bei Neuhof.

Die Fuldaer Straße in Neuhof.

Ein Pilgerziel im Hohen Dom zu Fulda: die Bonifatiusgruft.

Fulda: Propstei Johannesberg (vorn), Kloster Frauenberg (Mitte), Stadtzentrum (rechts), Aschenberg (links hinten).

Magdlos → Fulda

Tag 6 Es ist schon erstaunlich, wie das physische Befinden das Bedürfnis nach Kunst- und Kulturgenuss degradieren kann. Ich gebe zu, dass ich gestern im Fuldaer Dom am Grab von Bonifatius die Stille ebenso wie das trockene Sitzplätzchen wertgeschätzt habe. Mir ging durch den Kopf, dass damals, im Jahr 754, der Leichnam des ermordeten Bischofs in einer Prozession von Mainz nach Fulda überführt wurde. Den prachtvollen barocken Dom gab es da freilich noch nicht. Bonifatius wurde in jenem Reichskloster in Fulda beigesetzt, dessen Gründung er selbst wenige Jahre zuvor initiiert hatte. Seine bis heute andauernde Präsenz, also sein Grab selbst, führte unmittelbar nach seine Beisetzung zu einem anhaltenden Pilgerstrom, mit dem über Jahrhunderte hinweg so umfangreiche Schenkungen verbunden waren, dass man in Fulda Anfang des 18. Jahrhunderts finanziell gut ausgestattet war und sich erlauben konnte, den alten Dom abzureißen und einen weitaus prächtigeren Neubau in barocker Gestalt zu errichten.

Die einen pilgerten, die anderen wallfahrten. Dabei mag der augenfälligste Unterschied zwischen Pilgern und Wallfahrern die Größe der Gruppe sein, die sich auf den Weg macht. Wallfahrten finden häufiger im Jahr statt, die Wege sind in der Regel kürzer als bei einer Pilgerreise. Auftauchende Pilger sind für die Bevölkerung nicht immer vertrauenswürdig, denn sie ziehen über das Land, und man kennt sie nicht. Deshalb gibt es heute die Pilgerausweise. Das Stempelsystem kann belegen, ob die Person die Wahrheit sagt, ob die zurückgelegte Wegstrecke und die Zeiträume realistisch und nachvollziehbar sind. Pilger entziehen sich eher der Organisation und damit der Kontrolle durch kirchliche Strukturen, während sich Wallfahrten oft auf einen Anlass und festen Feiertag im Kirchenjahr beziehen, einem lokalen Heiligen gewidmet sind und einer festen liturgischen Form folgen. Die Gläubigen fühlen sich durch gemeinsame Gesänge, ein festes Gebetsprogramm, mehreren dafür autorisierten Klerikern und den aus der eigenen Kirche mitge-

58

tragenen Insignien verbunden. Wallfahrer bekennen sich als gemeinsame Gruppe zu ihrem christlichen Anliegen. Pilger dagegen tauchen unangemeldet auf, kommen über den Acker, sind schon vom lateinischen Wort *Peregrinus* her *die Fremden.* Oft haben sie wenig Geld dabei, und wollen irgend etwas erfragen. Da sich die innere Motivation eines Pilgers nicht eindeutig in einer Gruppenzugehörigkeit abbildet, ist es verständlich, dass die kirchliche Obrigkeit nicht immer und zu allen Zeiten erfreut auf Pilger reagierte. Was Pilger antreibt, ist so verschieden wie die Menschen selbst. Manche essen sogar Pizza aus dem Karton. Insofern hat Pilgern für die ansässige Bevölkerung zuweilen etwas Irritierendes, wenn nicht gar Subversives. Manche Pilger nutzen den Dom offensichtlich, um auszuruhen und sich zu trocknen – wie ist dieses profane Bedürfnis mit wahrhaftiger Spiritualität vereinbar? Was unterscheidet sie von Wanderern? Man kann es nicht erkennen.

Vom Dom war es keine Stunde bis hinauf nach Fulda-Petersberg zu Daniela und Gerald. Sie konnten uns auf den Landkarten zeigen, wo wir uns am Tag zuvor um den Pfaffenkopf herum verlaufen hatten. Was für uns unübersichtlich und immer ähnlich schien, kannte Daniela aus der Ferienfreizeit ihrer Kindheit. Sie findet im Schlaf zwischen Fulda und Magdlos jeden Tümpel. Es war schön, bei den beiden im Reihenhaus zu übernachten und von den ersten Tagen der Reise zu erzählen.

Wir verwischen unsere Spuren, ziehen die Haustür hinter uns zu und gehen den Hang hinunter. Der Petersberger Rathaus-Komplex zeigt sich als typische Stadtplanung der Siebzigerjahre, gruppiert um einen Platz mit dem Café Happ. Dort haben sich am frühen Morgen schon Menschen zum Frühstück verabredet, offenkundig Ruheständler, und eben wir, die Rucksackgeher. Während wir bei Brötchen und Kaffee sitzen, eilen Verwaltungsangestellte über den Platz ins Rathaus. Beim Croissant höre ich am Nebentisch, wie zwei Rentnerpaare über den Terroranschlag sprechen. Ich verstehe nicht gleich; das in

59

München war doch schon vor drei Tagen. Wieder einer. Am Sonntag, gestern, war es Ansbach. Ein Mann hat sich und die mit ihm wartenden jungen Leute in der Schlange durch eine Rucksackbombe in die Luft gesprengt. In dem mittelfränkischen Ort sollte gestern ein Musikfestival stattfinden. O weh. Eine Bombe im Rucksack. Ich schaue auf unsere Ränzel.

Wo wollen wir heute Abend ankommen? In Hofaschenbach. Nie gehört. Es liegt gerade noch in Hessen, kurz vor der Landesgrenze zu Thüringen. Unweit des Grünen Bandes, des Naturschutzgebietes, des vormaligen Grenzstreifens der Sperranlage zwischen BRD und DDR.

Gerald konnte uns den Weg zur karolingischen Kirche auf dem Hügel und dann über die A7 gut zeigen, auch wenn unsere selbstgebastelte Karte in den Zustand einer in der Hosentasche verwaisten Serviette nach zwei Vollwaschgängen übergegangen ist. Was er nicht wissen konnte: Die Autobahnbrücke ist weg, alles Baustelle. Da half auch kein Diskutieren mit den Bauarbeitern, die uns nicht über das Armierungskonstrukt balancieren lassen wollten. Zu Fuß da rüber? Also geguckt, wo die Lastwagen verschwinden. Dort drüben muss es eine Durchfahrt geben. Alles halb so schlimm. Der Umweg war gering.

Hofaschenbach ist eine ordentlich gezupfte Ortschaft mit stattlichen Einfamilienhäusern entlang der Hauptstraße. In der Pension Edith beziehen wir eine großzügige Wohnung und richten uns in der Zeitlosigkeit der Achtzigerjahre-Ausstattung ein. Da es im Ort keine Kneipe gibt, bestellen die Pensionsgäste in der Pizzeria des Nachbarortes. Ich glaube, es ist meine erste telefonische Pizza-und-Bier-Bestellung überhaupt. Hungrig stürze ich mich auf den dampfenden Pizzakarton. Als Hintergrundgeräusch läuft eine Fernsehserie mit schönen jungen Menschen, deren Probleme ich nicht verstehe, und die mir unverständliche Dialoge antragen. Durch die großen Fenster des Wohnzimmersaales eröffnen sich weite Blicke in die osthessische Rhönlandschaft, während ich mich hier drinnen frage, wie lange wohl die Eltern der Pensionsdame allabendlich auf der stattlichen Couchgarnitur samt Eichentisch gesessen haben. Sicherlich haben sie sich wohlgefühlt auf ihrem Landsitz, denn das ganze Ambiente erscheint sorgfältig zugerichtet mit dem Wandschmuck aus der Ruhestandszeit meiner eigenen Großeltern. Sicherlich hätten sie sich nicht vorstellen können, wie irgendwann einmal zwei Rucksackgäste in ihrem blitzsauberen Wohnzimmer sitzen und Pizza aus der Pappschachtel mampfen würden. Die Größe der Küche und die Ausstattung deuten darauf hin, dass die Wohnung gerne an Monteure vermietet wird. Unten, sozusagen im Garten hinter dem Haus, grasen Kühe oder Pferde, während der Vorgarten aufwendig mit Blumen und Gartendekorationen durchgestaltet ist. In einem Regal stehen Videofilme neben Hörkassetten mit Schlagern aus der Hitparade, alles mit sauberer Handschrift identifiziert und alphabetisch sortiert. Ich wage es nicht, einen dieser Schätze auch nur zu berühren. Abgesehen davon wüsste ich nicht, auf welchen Knopf der fünf Fernbedienungen der Videorekorder reagiert.

Porzellanenten blicken vom Sideboard auf das nach Weichspüler duftende Blumenmeer der Bettwäsche, das Bad ist dunkelgrün gekachelt, und die Schiebetür der Dusche macht diese Einrastgeräusche, wie ich sie seit meiner Kindheit nicht mehr gehört habe. Es berührt mich, den unbekannten Bewohnern ungebeten so nahe zu kommen. In dem Etablissement einer Hotelkette soll dieses Gefühl von Vertrautheit jenseits von Geschmacksfragen erst gar nicht entstehen; dort vermeidet jeder die Vorstellung eines Gastes, der in der Nacht zuvor vom Bett aus auf dieselben Tasten der Fernsteuerung gedrückt hat.

Am nächsten Morgen verlassen wir das pensionierte Privatwohnzimmer ohne Indizien für die Spurensicherung. Wie gewohnt nehme ich den Müll, dieses Mal eine besonders große Plastiktüte mit Kartonagen und zerquetschten Dosen, mit nach draußen. Schamanen hinterlassen keine Spuren.

61

*In der hessischen Rhön zwischen
Traisbach und Rimmels.*

Fulda → Hofaschenbach

*Karolingisch: St. Peter
auf dem Petersberg bei Fulda.*

———

*Blick zurück zum Petersberg
am Horizont.*

*Vanessa atalanta (Admiral)
aus der Familie der Nymphalidae
am Rande des Rucksacks.*

———

*Nur für eine Nacht:
gemütlich wie Zuhause. 17^{51} Uhr*

Fulda → Hofaschenbach

Tag 7 Das Frühstück in Hofaschenbach fand im Stehen statt, in der Bäckerei auf der Hauptstraße. Ich musste genauer hinschauen, um nicht die Hundekekse zu bestellen. In hübschen Gläsern stand das Gebäck für Hund und Mensch nebeneinander. Vermutlich waren die Bestandteile gleich gut.

Die freundliche Bäckereiverkäuferin beschreibt uns den Weg bis zur Grenze. Und ja, man kann natürlich auf der ehemaligen Zonengrenze gehen, meint sie, es sei nur auf Dauer etwas lästig, weil man auf die vielen Löcher in den Betonsteinen achten muss.

Später, auf dem Kolonnenweg, merke ich beim Gehen, was sie gemeint hat. Als ein schnurgerader, wenige Meter breiter befahrbarer Weg aus Betonquadern führt der einstige Grenzverlauf zwischen der DDR und der BRD durch eine üppiggrüne, sommerlich-heiße, hessisch-thüringische Naturkulturlandschaft. Eine geradezu zauberhafte Gegend, als Grenzgebiet naturgemäß nur dünn besiedelt, heutzutage nur strukturiert von glatt asphaltierten Landstraßen und eben der weithin sichtbaren Grenze, die über Hügel und Wiesen führt und in einem bestimmten Streckenabschnitt, um den *Point Alpha*, museal-touristisch aufbereitet ist.

Auch hier erleben wir, dass wir rückwärts gehen. Wir kommen von Süden auf das Museumsgebäude mit den Besucher-Parkplätzen zu. Dadurch erscheinen wir den Reisegruppen als Gestalten, die aus dem Wald auf sie zu kommen. Die Gruppen wandern ein Landschaftskunstwerk aus übergroßen figurativen Stahlskulpturen ab, eine Art Passionsweg. Ohne Symbole geht es nicht. Der Künstler hat die landschaftliche Situation der deutsch-deutschen Grenze als Kreuzweg interpretiert. Hm. Und wir kommen vom Ende, von der Kreuzigung auf dem perforierten Betonweg, und gehen entgegen der biblischen Erzählung zurück zum Anfang, zum Verhör durch Pontius Pilatus.

Durch das Museum mag ich nicht gehen, aber ein Eis kaufe ich. Wir passieren die didaktisch rekonstruierten Grenzssicherungen aller Ausbauphasen. Den Aussichtsturm ein Stück weiter halte ich für ein Zugeständnis der musealen Aufbereitung, mit weiten Blicken auf die Vulkankegel der Kuppenrhön. Es ist der erste US-amerikanische Spähturm an der Grenze zum Warschauer Pakt – wie gesagt: Alpha. Oder *war* der erste Spähturm, müsste man sagen. Immerhin steht dort ja noch der echte Turm, zwar seiner ursprünglichen Funktion entledigt, aber hier, am echten Ort, ist doch die originale Substanz für den Erkenntniswert verantwortlich. Ja, die Grenze hat tatsächlich existiert, ja, sie war unheimlich, hermetisch, gefährlich, ja, sie hat nicht nur Deutschland geteilt. Welcher DDR-Bürger hat sie jemals gesehen? Hoffentlich ist der Turm kein Imitat.

Heute wird eine Gruppe von vielleicht aus Syrien geflohenen Menschen durch die Anlage geführt. Was diese Frauen, Männer und Jugendlichen wohl jetzt denken? Kinder tanzen um die Schäferhundattrappe herum.

Pfosten mit Wegweisern: *Jakobsweg, Premiumweg, Kegelspielweg, Weg der Hoffnung, Rhönrundweg 1. Biosphärenreservat.* Elmar wollte unbedingt auf dem Kolonnenstreifen weitergehen bis kurz vor Vacha. Es seien doch die materiellen Reste der echten alten Grenze. Stimmt. Doch mir sind die besagten Fußfallen viel präsenter und ebenso die Unberechenbarkeit der Vegetation, die schon gute Teile des Verlaufes in Dickicht verwandelt hat. Ich winke ab.

In Sünna, dem Ort vor Vacha, gibt es angesichts der Sommerhitze wieder ein Eis. Wir finden in der Eistruhe des Lebensmittelgeschäfts eine Geschmacksrichtung, von der ich zuletzt in meiner Kindheit gehört hatte, neben Waschmittelkartons und abgepacktem Brot. Als wir uns an der Haltestelle ein paar Minuten setzen, hält vor uns der Bus nach Vacha. Wir bleiben stark, winken ab und folgen dem Weg, den uns die Lebensmittelverkäuferin empfohlen hat.

Leider bin ich so erschöpft, dass ich auf dem wunderbaren alten Marktplatz in Vacha weiß, dass ich nicht mehr aufstehen würde, wenn ich mich jetzt setzte und das sanierte Fachwerk betrachtete. Ich will so geradlinig wie möglich unsere erste Pilgerherberge erreichen, bevor ich übellaunig zusammenbreche. Nach ein paar Telefonaten mit den ehrenamtlichen Pilgerhelfern kommt eine Dame mit dem Auto aus dem Nachbardorf, um uns den Herbergsschlüssel zu bringen. Frau Schlott vertritt Herrn Ditzel, der für das Pilgerhandy zuständig ist. In der *Kemenate Vacha* am Kirchplatz dürfen wir in einem unaufdringlich gemütlich eingerichteten Zimmer unter dem Dach übernachten. Frau Schlott findet es zwar merkwürdig, dass wir rückwärts pilgern, aber sie erfüllt trotzdem ernsthaft ihre Aufgabe und händigt uns vertrauensvoll jene Urkunden aus, die man von ihr eigentlich erst am Ende des Ökumenischen Pilgerweges Görlitz–Vacha erhält. In unserem Falle treten die Urkunden dann erst nach unserer Ankunft in Görlitz in Kraft.

Knapp 1400 Kilometer ist die innerdeutsche Grenze lang, auf der wir an diesem Sommertag einen Abschnitt zurückgelegt hatten. Ein solcher Weg beschäftigt Erwachsene meiner Generation, die als Kinder der Kriegskinder in den Sechzigerjahren geboren wurden. Die Gedenkstätte Point Alpha erinnert an die eigene Biografie, deren Kindheit und Jugend in den Jahrzehnten des Kalten Krieges lag. Sauber, sicher und geregelt wuchsen Schüler *im Westen* (vermutlich *im Osten* gleichermaßen) auf, wussten ihre Eltern in unbefristeten Stellen. Für die Schrecken von Korea und Vietnam waren wir noch zu klein, und die drei Fernsehprogramme endeten damals spät genug mit dem Testbild. Kriegsbilder wurden erst viel später mit dem Ersten Golfkrieg eins zu eins in deutsche Wohnzimmer geblasen, doch da waren wir mit dem Studium und uns selbst beschäftigt und hatten keine Glotze. Mit jugendlichem Interesse an deutschdeutscher Politik und der Friedensbewegung lernten wir neue Worte wie atomare Bedrohung und Nato-Doppelbeschluss. Also malten wir Friedenstauben auf Transparente für die Ostermärsche und hörten nur ungern vom Großvater in Thüringen, wir sollten nicht so naiv sein und uns von den Stasi-unterwanderten Demo-Organisatoren vor den sozialistischen Karren spannen lassen. Dass *Inoffizielle Mitarbeiter* der Staatssicherheit tatsächlich bis 1989 Berichte über die Familien der einstigen Republikflüchtlinge in Köln verfassten, führte erst Jahrzehnte später zu Tränen und Streit.

Heute ist aus der brisanten Grenze zwischen Ost- und Westblock, zwischen Sowjetunion und USA, ein grünes Naturband hervorgegangen, ein Wander- und Radfahrweg, ein Denkmal, *Für ein Europa in Frieden und Freiheit*, wie ich auf den Infotafeln an Point Alpha las.

Mit diesen Gedanken erreichten wir also das schöne Städtchen Vacha, das vormals bedeutende Nadelöhr an der Via Regia. Hier liefen verschiedene Stränge der Ost-West-Verbindungen zusammen, um die Werra zu überqueren. Der Flussübergang war damals von der Anhöhe, von der Burg Wendelstein, gut überwacht. Zu ihren Füßen gedieh die Stadt wirtschaftlich wie kulturell dank eines zeitlosen Düngemittels: der hohen Verkehrskonzentration. Durch den Zweiten Weltkrieg geriet Vacha in eine Sackgassenposition: Für die Stadt galten ab 1949 als Grenzort in der Sowjetischen Besatzungszone der DDR eigene Regeln, die viele Bürger im Alltag einschränkten. Seit 1990 nun gehört Vacha zum Bundesland Thüringen, seit 1994 zum Wartburgkreis. Ach ja, ab hier bewege ich mich schon im Dunstkreis der Wartburg, der Märchenburg meiner Kindheit.

69

Die Hundelaufanlage

diente zur Absperrung freier unüber-
schaubarer Flächen oder Schneisen.
Neben den Laufseilanlagen gab es auch
umzäunte Anlagen mit frei laufenden
Hunden.

Guard Dog Tether

Guard dogs prohibited unobserved access
to open ground or potential escape routes.
Besides areas where dogs were tethered
to long lines, there were also fenced
in areas where dogs could run freely.

Espaces réservés aux chiens de garde

Des chiens de garde attachés à une laisse
dont l'anneau glissait le long d'un câble
surveillaient des clairières ou de vastes
espaces interdits.
En outre, des chiens couraient en liberté
dans des espaces clôturés.

Охрана собаками

осуществлялась на пространствах,
не попадающих в зону видимости.
Наряду с собаками на привязи имелись
также участки ограниченной свободы
передвижения внешних собаками.

Der Beobachtungsturm BT-9

In der Größe von 2 x 2 Meter war der
Nachfolger des runden Turmes mit der
Bezeichnung BT – 11. Wegen der
ungenügenden Standsicherheit und
hohen Windanfälligkeit wurden die
BT – 11 ab Mitte der 70er Jahre durch
eine neue Konstruktion mit
quadratischem Grundriss abgelöst.

Observation Tower BT 9

This 2 by 2 meter observation tower was a
replacement for the round BT 11 tower.
Because of its inadequate stability,
especially during strong winds, in the
mid-70s the BT 11 was replaced by a new
square floor-plan design.

Tour de surveillance BT – 9

Cette tour de surveillance de 2 mètres sur
2 a succédé à la tour ronde de type BT 11.
A cause de son manque de stabilité,
notamment par vent fort, elle fut
remplacée vers le milieu des années 70
par une nouvelle construction de
forme carrée.

Наблюдательная вышка BT – 9

Площадью 2 x 2 м. сменила
малопригодную круглую вышку BT 11.
Из-за недостаточной устойчивости
(например, при сильном ветре)
начиная с середины 70ых годов,
BT 11 заменена вышкой новой
конструкции, квадратным в плане.

Der Grenzzaun I

wurde ab 1970 zur Sperranlage 501 mit
Splittermine (SM) – 70 errichtet und war
ca. 3 Meter hoch.
Der Abbau der SM – 70 erfolgte ab 1984.
Dafür wurde im Hinterland ein
Grenzsignalzaun als durchgehendes
Sperrelement erbaut.

Border Fence I

This fence was built in 1970 for barrier 501.
It was approximately 3 meters high and
also included SM 70 antipersonnel
fragmentation mines.
The fence was removed starting in 1984
and was replaced by a signal fence that
stood further away from the actual border.

La clôture I

fut ajoutée à partir de 1970 au système de
barrage 501 avec des mines antipersonnel
SM – 70. Elle s'élevait à environ 3 mètres
de hauteur.
En 1984, ce système fut démantelé.
On installa alors à l'arrière une clôture
ininterrompue d'alarme de frontière.

Пограничное ограждение I

заградительного устройства 501
с осколочными минами SM 70 I
сооружалось с 1970 г.
в высотой примерно 3 м.
Демонтаж SM 70 начался с 1984 г.
Для этого на внутренних территориях,
в качестве сплошного заградительного
элемента, было установлено
пограничное сигнальное ограждение.

Die Splittermine SM – 70

...de an jedem vierten Betonpfeiler
...denen Höhen installiert.
... 10 Gramm TNT
...litter

SM 70 Antipersonnel Fragmentation Mine

These antipersonnel fragmentation mines
were mounted at three different heights
on every fourth cement post. The mine
itself consisted of a funnel containing
110 grams of TNT and was activated by a
metal splinters and was detonated, the splinters
...when detonated, 30 meter.
...SM 70

Les mines antipersonnel SM – 70

hirent installées à trois hauteurs
différentes sur un pilier en béton sur
quatre.
Son magasin contenait (10 grammes
d'explosif (TNT) et environ 90 éclats
métalliques. Son déclenchement
intervenait au système lui détonant.
La surface de dispersion était d'environ 30 mètres.
Les éclats étaient projetés et au
termines trajectoire, beaucoup pouvaient

Осколочная мина SM 70

монтировалась на каждом четвертом
бетонном столбе на трех различных
высотах. Распорой заполнения 110
(включая содержимого качества TNT)
с металлическими осколками 90
(примерно 90 шт). Устройство
срабатывало при подрыве. Поражение
на 30 метров. Разлет осколков
достигал 30 метров. При попадании осколков
человек получал тяжелые ранения

*Point Alpha: US-amerikanischer Beobachtungsstützpunkt bis 1991
an der deutsch-deutschen Grenze. Heute Grenzmuseum und
Gedenkstätte an der Ländergrenze zwischen Hessen und Thüringen,
Grünes Band Deutschland und größter Biotopverbund Deutschlands.*

Hofaschenbach → Vacha

*Mit Kontrollturm: Kolonnenweg der deutsch-
deutschen Grenze bis 1990 in der Rhön.*

Beim Bäcker in Mittelaschenbach.

Vor dem Bäcker in Mittelaschenbach.

Streckmetall zwischen DDR und BRD.

Hofaschenbach → Vacha

Tag 8 Aus reiner Naivität und aus Angst vor den bevorstehenden 26 Kilometern bestehe ich darauf, dass wir nicht die hundert Meter zurück zum Marktplatz gehen, sondern auf das Frühstück in Vacha verzichten und geradewegs in Richtung Oberellen aufbrechen, um die Morgenstunden auszunutzen, damit wir nicht in die Mittagshitze kommen. Mit der leichtsinnigen Unterstellung, ein Brötchen auch im nächsten Dorf zu bekommen, beschere ich uns einen anstrengenden, von Hunger, Durst und Kopfschmerzen geplagten Tag bei schwüler Hitze, begleitet von Bremsen und mehrfacher Wegsuche.

Ein einziger Tag, der mit leerem Magen beginnt – und schon geht man in die Knie. Es ist seltsam, was die Erinnerung als Wichtiges einordnet und konserviert. So vieles vergisst man, aber einen stundenlangen Weg ohne Essen bei schönstem Sonnenschein in grüner Ferien- und Wanderlandschaft, den merkt sich der Geist. Mich tröstet, dass es nicht nur mir so geht, sondern auch mittelalterliche Reiseberichte auffallend ausführlich über das Essen und den Gesundheitszustand schreiben, während heutige Leser vieles, das uns spektakulär erscheint, in den alten Texten vermissen. Wer damals als Reisender unterwegs war, für den ging es weniger darum, wie schnell man ans Ziel gelangte, sondern dass man überhaupt unversehrt ankam.

Zu meiner weiteren Ehrenrettung kann ich anführen, dass mir trotz des körperlichen Darbens an diesem heißen Sommertag die besondere, und wie ich dort auf der Infotafel gelesen hatte, immerhin 225 Meter lange Werrabrücke, die seit 1990 *Brücke der Einheit* heißt, eindrucksvoll in Erinnerung geblieben ist. Angesichts ihrer großen Symbolkraft als Verbindung zwischen Ost und West wurde mit Bedacht der Ökumenische Pilgerweg 2003 über diese Brücke geführt. An dieser Stelle querte schon vor tausend Jahren der Verkehr auf der *hoha strazza* zwischen Leipzig und Frankfurt. So wie damals ermöglicht es uns heute die mittelalterliche, mehrfach umgebaute und erweiterte Brücke über die Werra, den kürzesten Weg aus dem Rhein-Main-Gebiet durch das Thüringer Becken Richtung Leipzig und Görlitz zu gehen. Dieser alte Weg ist erst seit der Öffnung der deutsch-deutschen Grenze im November 1989 wieder möglich. Bis 1989 war die Fuß- und Radwegbrücke angesichts ihrer Grenzlage jahrzehntelang gesperrt. Man konnte nur hinüberschauen, über die Werra.

Mit genügend Proviant hätte der Weg selbst zu einer zauberhaften Wanderung durch die thüringische Landschaft werden können. Besonders dünnhäutig werden wir am Vitzeröder Kreuz. Die Schilder erinnern an Napoleon und die Überlebenden seiner 200 000 Mann auf dem Feld, denen wir hier nach der verlorenen Völkerschlacht im Herbst 1813 begegnet wären, auf dem Rückzug von Leipzig bis hinter den Rhein. Unvorstellbar. Grauenvoll. Auf dem Ruheplatz kauen wir unter den Linden stumm auf unserer unzureichenden Reservewurst und hoffen auf das nächste Dorf mit Bäckerei. Es wird keine geben. Keine Bäckerei, keine Kneipe, kein Lebensmittelladen.

An Tag 8 spüre ich, wie man sich fühlt, wenn man als Fremder eine alte Dame mit Kopftuch und geblümter Kittelschürze in ihrem prachtvollen Gemüsegarten über den Zaun hinweg anspricht und sie um Wasser aus dem Gartenschlauch bittet. Es interessiert sie nicht, woher wir kommen, sie ist einfach misstrauisch gegenüber zwei Fußgängern, die aus unerfindlichen Gründen nicht einmal Wasser dabei haben. Auch der Fahrer des Postwagens, der am Straßenrand in seinem Auto eine Mittagspause macht und herzhaft in seine Stulle beißt, ist irritiert. Ja, das macht Angst: Die Fremde beginnt bereits vor der Haustür. Ein junger Mann, der irgend etwas an seinem Auto werkelt, ist schließlich bereit, unter seiner Motorhaube hervorzutauchen, den Schraubenschlüssel abzulegen und uns die leeren Saftflaschen mit dem Gartenschlauch zu füllen.

In Oberellen werden wir nicht erwartet. Die ehrenamtliche Pilgerhelferin, die Tochter des Getränkehandels, ist in Urlaub.

75

Die Monteurs- und Ferienwohnungen sind bereits für die Ankunft der angemeldeten Feriengäste am kommenden Tag hergerichtet, das Appartement hinten raus ist an zwei Pilgerinnen vergeben. Doch die findige Dame aus dem Nachbarort, die in Oberellen jeden kennt und im Getränkehandel die Urlaubsvertretung für die junge Familie macht, rettet uns: Kurzerhand improvisiert sie einen Couchplatz in der Monteurswohnung und nimmt uns das Versprechen ab, am nächsten Morgen alles sauber zu verlassen. Tun wir. Dafür überzeugt sie den Schwiegervater der Tochter, seine privaten Brötchen aufzubacken, eine Gurke aus dem Garten und hausgemachte Leberwurst im Glas zu holen. Dazu ein Bier ist jetzt kein Wunder mehr. Der Schwiegervater redet sich gemächlich in Rage: Hier im Sperrgebiet nahe der Zonengrenze Enteignung des landwirtschaftlichen Betriebs. Nur noch Genosse, und das auf eigener Scholle. Umgeben von lauter Deppen, die nichts von Landwirtschaft verstehen. Dieses ging, jenes ging nicht, ein Hin und Her. Ich verstehe nicht recht und frage auch nicht dazwischen. So steigert sich sein Unmut, nicht bloß den Erinnerungen, sondern auch der sprachlichen Logik seiner eigenen Stichworte folgend.

Die katholischen Pilgerinnen Mechthild und Monika gesellen sich an den Biertisch, bewundern unser kleines Gepäck und richten uns mental wieder auf. Die eine ist aus dem Osten, ihre Freundin aus dem Westen. Entsprechend großherzig und verständnisvoll sind ihre Beschwichtigungen und diplomatischen Klimmzüge.

Mechthild und Monika versorgen uns mit Tipps für Übernachtungsstationen (sie gehen ja vorwärts), und wir revanchieren uns mit der Warnung vor der bäckerfreien Zone bis Vacha (wir gehen ja rückwärts). Und so heitert sich unser Hungertag in fruchtbaren Landschaften langsam auf.

Lange unterhalten wir uns über die Wartburg. Mechthild und Monika hatten an diesem Tag eine Führung gebucht, während wir die Burg morgen wiedersehen werden. Neben Schloss

Neuschwanstein und dem Kölner Dom gehört die Wartburg, im übrigen seit 1999 Unesco-Welterbe, zu den meistbesuchten Zielen in Deutschland. Sie ist der Prototyp einer malerischen Burg. Hier versteckte sich Martin Luther ab Mai 1521 vor den päpstlichen Verfolgern. Die wenigsten Besucher interessieren sich für das Baudenkmal in seiner identitätsstiftenden Eigenschaft als Wiederaufprojekt des 19. Jahrhunderts, das, ähnlich wie der Kölner Dom, in der Phase europäischer Nationalstaatenbildungen vollendet wurde – Denkmalpflege als Lupe auf der Suche nach deutscher Nationalität.

Auch für uns Kinder war der kulturpolitische Hintergrund völlig obskur. Wir konnten den Tintenfleck in der Lutherstube nicht oft genug sehen, hielten ihn für echt und alt – eine Legende, die vor dem Verblassen durch ständige Übermalung tradiert wurde und allein schon dadurch Denkmalwert gewonnen hat; ich stellte mir vor, wie Martin Luther, übernächtigt durch wochenlange Übersetzungsarbeiten des Neuen Testaments aus dem griechischen Original, im Verfolgungswahn sein Tintenfass nach dem Teufel warf; ich ließ mir vor Schwinds Freskenzyklus immer wieder gern die Geschichte der heiligen Elisabeth erzählen, die ich so sympathisch fand wie Pippi Langstrumpf, weil sie keinen Wert auf standesgemäße Kleider legte und lieber von der Burg hinunter ging, um Kranke und Arme im Wald zu versorgen. Ich mochte das Bild mit dem Trick der roten Rosen, die aus ihrer Schürze fielen, als ihr Mann sie dabei ertappte, Brot für die Armen darin zu verstecken.

Offenbar scheinen die regelmäßigen Wartburgbesuche an der Hand des Großvaters mein Interesse an der darunter liegenden Baugeschichte gefördert zu haben.

77

Furt über die Werra, Ersterwähnung 786,
Ersterwähnung einer Brücke 1186,
Knotenpunkt mehrerer Altstraßen: Werrabrücke Vacha.

Vacha → Oberellen

Aufbruch von der
Kemenate Vacha. 8⁴⁵ *Uhr*

Abseits des echten Weges:
kurz vor Gospenroda.

Ankunft in Oberellen. 19⁵¹ *Uhr*

Vacha → Oberellen

Tag 9   Der nächste Tag wird ein Erholungs- und Genusstag. Die Strecke von Oberellen bis Eisenach misst weniger als 18 Kilometer und führt über ausgewiesene Wanderwege durch den Thüringer Wald. Farbige Holzschilder kennzeichnen mit *R* den Rennsteig und mit *L* den Lutherweg.

Versorgt mit großzügigen Brotscheiben, die uns Mechthild und Monika schenken, fühlen wir uns wie Freizeit-Wanderer, die bei perfektem Wetter durch den hellen thüringischen Buchenwald mit seinen charakteristischen tief eingeschnittenen Kehlen wandern.

Für mich bedeutet diese Etappe zur Wartburg und nach Eisenach etwas Besonderes, denn ich gehe nicht nur den Pilgerweg rückwärts, sondern bewege mich auch in meiner eigenen Biografie zurück. Die Wartburg und der Eisenacher Wald sind Zauberorte meiner Kindheit. In Eisenach lebten die Großeltern und die Cousins, die wir in den Ferien besuchten. Meine Eltern hatten 1961 kurz vor dem Mauerbau *rübergemacht*, so dass ich in Köln geboren wurde. Ich bin nicht *in*, aber *mit* der DDR aufgewachsen, und die deutsch-deutschen Vergleichsdiskurse der Erwachsenen prägten meine Kindheit und Jugend. Zunächst mit dem Interzonenzug, später mit dem Auto fuhr die ganze Familie von Köln nach Eisenach. Grenze, Zollgrenze, Personenkontrollen, Fragen, Wartezeiten, Staus – tausende Kinder meiner Generation wissen, wie sich das deutsch-deutsche Reisen auf Familien auswirkte. Um so wertvoller sind mir die europäischen Errungenschaften, die offenen Staatsgrenzen zwischen den Mitgliedern der EU, die Reisefreiheit, mit der die nächste Generation aufwächst.

Vor diesem persönlichen Hintergrund und als leidenschaftliche Fußgängerin ist mir das vom Europarat initiierte Konzept der *Kulturwege* besonders nah und sympathisch. Der Europarat deklariert europäische Fernwege – wie etwa die Via Regia oder die Jakobswege. Da Preise und Zertifizierungen stets mit öffentlicher Aufmerksamkeit verbunden sind, erhofft man sich langfristig und wohl zu Recht, dass die ausgezeichneten Städte und Gemeinden mit Stolz für ihren *Kulturweg* werben und dadurch das dichte Netz der uralten europäischen Wege wieder mehr ins kollektive Bewusstsein bringen. Die Idee ist so einfach wie überzeugend: Nur wenn die Menschen in Europa ihre gemeinsame Geschichte kennen, wenn sie um die Unterschiede und Gemeinsamkeiten ihrer regionalen und lokalen Eigenheiten wissen, einander begegnen und sich zu schätzen lernen, wächst das Gefühl von Zusammengehörigkeit. So banal es scheint, so wichtig ist dies gerade heute angesichts der politischen Spannungen, die an der europäischen Idee zerren: Je mehr man weiß über die sozialen, wirtschaftlichen und kulturellen Verbindungen, die von vielen Reisenden über Generationen gepflegt wurden, desto eher ist man bereit, das Eigene ebenso wie das Fremde als gleichwertig zu respektieren. Tatsächlich fühle ich mich Zuhause unvergleichlich seltener beschenkt und begeistert, als wenn ich auf einer Fußreise jeden Tag aufs Neue dem so unterschiedlichen Lokalkolorit, den regionalen Dialekten, den Kochgewohnheiten, kurzum, der Kulturgeschichte der Menschen begegne.

Heute also komme ich wieder nach Eisenach, und ich komme zu Fuß. Bin den ganzen Weg von Zuhause in Frankfurt nach Eisenach in neun Tagen gelaufen. Bis Fulda war es ein besonderer Abschnitt, von dort bis Eisenach ist es für mich noch eindrücklicher. Ich kenne in der Stadt jede Straße, ich kenne die Geschäfte, das alte Kino aus den Dreißigerjahren, den Weg zum Burschenschaftsdenkmal, den Weg zum Prinzenteich, den Weg der Esel hinauf zur Wartburg. Und heute komme ich von hinten durch den Wald aus Oberellen.

Im *Waldlokal Sängerwiese* muss eine Pause drin sein, auch wenn der Proviant noch reicht. Die Tatsache, zu Fuß zu dem alten Ausflugslokal meiner Kindheit gegangen zu sein und hier unter befreiten Umständen in Ruhe am gespritzten Apfelsaft zu nippen, fühlt sich an wie ein Triumph.

83

Die Wartburg ist ein Heimspiel für mich. Und wie bei jedem Besuch kann ich diese Bemerkung nicht unterdrücken: Mein Urgroßvater hat hier schon als Gästeführer gearbeitet. Mir gefiel es damals als Baugeschichts-Studentin in Köln, dass ich aktuelle Dias von dem romanischen Palas aus Eisenach mitbringen konnte. Denn – heute mit digitalen Datenbanken eine umständliche Vorstellung – meistens mussten wir im Institut in Köln mit Vorkriegsaufnahmen vorlieb nehmen, wenn es um die Baudenkmale in der DDR ging. Für ein Referat konnte man sich nichts zusammenklicken, sondern musste in der Diathek seine glasgerahmten Dias bestellen, milbensicher mit Archivband allseits abgeklebt. Lassen wir das.

Ich kenne jedes Kapitell der Wartburg und habe in meinen ersten Berufsjahren über die Restaurierung der Schwind-Fresken geschrieben. Ich kenne die Bilder des Elisabethenzyklus' aus dem 19. Jahrhundert noch mit dem entstellenden Ausschlag der Salzausblühungen.

Am Burgbrunnen packen wir unsere Mechthild-Brote aus und bewachen sehr gerne die beiden großen Rucksäcke eines Pärchens, das den Bergfried besteigen will. Was für Rucksäcke! Wo die beiden wohl herkommen? Später erfahren wir von Wolfgang und Ines aus Überlingen, dass sie seit einer Woche unterwegs sind, den Ökumenischen Pilgerweg etappenweise gehen und sie jetzt *durch* sind. In Eisenach endet ihre diesjährige Etappe.

Seit gestern navigieren wir mit den hübschen, handgezeichneten Skizzen des handlichen Pilgerführers, die leider zu grob für die Wegefindung sind, zumal die Wegzeichen im Gelände, richtungsbedingt, für uns immer auf der Baumrückseite angebracht sind. Elmars durchgescheuerte Landkartencollage der ersten Tage wandert in unsere Privatsammlung. Wolfgang macht uns ein großes Geschenk: Er überlässt uns die präzise, abwaschbare Wanderkarte Leipzig–Vacha, die unabdingbar für den weiteren Weg werden wird.

Von der Wartburg durch den Wald hinunter am Elisabethenbrunnen und der Eselsstation vorbei brauchen wir noch keine Karte. Es geht über die Reutervilla, am Prinzenteich vorbei, dann am Bachhaus, am Lutherhaus, bis auf den Markt mit der Georgenkirche, wo mein Vater und Bach getauft wurden.

Wie bekannt und doch anders die Stadt auf mich wirkt. Vieles ist saniert, anderes abgerissen. Am Markt hat eine jung und großstädtisch wirkende Eismanufaktur geöffnet. Der Renner im Juli. Selbstverständlich stellen wir uns in die Schlange. Wir haben Zeit, sind angekommen, und schlendern mit der Waffeltüte durch die Haupt-Einkaufsstraße, die Karlstraße, zum Diakonissenmutterhaus. In der Karlstraße suchen wir noch Ersatz für Elmars durchgehobelte Innensohlen. Die Fachverkäuferin reagiert reserviert auf unser Schuhwerk. Warum Schuhe immer *Schuhwerk* heißen, weiß ich nicht. Vielleicht, damit die Füße was zu arbeiten haben, wenn sie mal in ihrem Fußbett aufwachen. Aber auf leisen Sohlen lange Strecken zu gehen, wirkt auf manche Leute wie eine Provokation.

Schwester Helena prüft die Pilgerpässe und führt uns ins Kellergeschoss, wo die Diakonissen einen großzügigen Pilgerraum mit Doppelstockbetten, Küche und schickem Badezimmer ausgebaut haben. Der Notfallkoffer für Pilgersleute mit vielen kleinen Utensilien ist fürsorgliche Geste und praktische Handreichung zugleich.

Auf einem der Betten liegt Ursula aus Paderborn. Ursula pilgert richtigrum, sie ist mit dem Rad von Görlitz gekommen und will am nächsten Tag bis Vacha. Ach ja, mit dem Rad geht es natürlich auch. Ursula ist Profipilgerin, hat alles durchdacht, bis ins Kleinste geplant, hat Kartenmaterial und High-Tech-Allerlei in den Satteltaschen. Sie ist die erste, die genau wissen will, wie wir es schaffen, mit so wenig Gepäck unterwegs zu sein. Wir reden über die Grammzahlen von Taschenlampen, die Vorteile von kurzen Reißverschlüssen an wasserabweisenden Hoodies und dünnen Wollhemden.

85

Lutherstätte, Nationaldenkmal, Touristenmagnet:
die Wartburg bei Eisenach.

Oberellen → Eisenach

Moritz, Liesel, Moni, Lore, Rosi, Anja,
Sonja, Conny und Peter:
tragen seit über hundert Jahren die
Kinder hinauf zur Wartburg.

———

Im Thüringer Wald.

Romanisches Kapitell in
der Kaufmannskirche St. Nikolai
in Eisenach.

———

Herberge im Diakonissen-
mutterhaus. 17³⁷ Uhr

Oberellen → Eisenach

Tag 10   Im Frühstücksraum bei den Diakonissen sitzen zwei Handwerker mit Ursula und uns am Tisch. Sie hatten das Bad gebaut, in dem ich heute früh so luxuriös duschte. Jetzt bauen sie andere Räume der Schwestern barrierefrei um. Das Handwerk ist im Kommen, diagnostizieren beide, sie haben Arbeit ohne Ende. Und es gibt keine guten Handwerker, sie wissen gar nicht, welche Baustelle sie zuerst machen sollen. Kennen sie die benachbarte Karlskirche, frage ich sie? Diese romanische Besonderheit mit den wunderbaren Bildhauerarbeiten? Wir schwärmen uns gegenseitig vor, wie grandios die Handwerker im 12. Jahrhundert gearbeitet haben. Und klar, es waren die gleichen Steinmetzen in der Karlskirche wie am Palas der Wartburg.

Ich kenne Eisenach, die alte Residenzstadt mit dem charakteristischen rechteckigen Marktplatz, wie ihn Handelsstädte entlang der Via Regia entwickelt haben, noch unsaniert mit grauen Wohnhausfassaden und jungen Paaren in Parka und Boots, die kaum älter als ich damals bereits Kinderwagen schoben, und ich kenne Eisenach von den Reportagen, die meine Redaktionskolleginnen und ich in den Neunzigerjahren über diverse Bürgerinitiativen und Sanierungsvorhaben in der Stadt geschrieben hatten.

Unsere Berichte wollten für den Sinn von Denkmalpflege werben, verbunden mit Bitten um Spenden für die Projekte, untermauert mit Belegen für all das Positive, das bereits erreicht wurde. Es war mir in dieser Zeit ein persönliches Anliegen, die Denkmalpfleger in den *neuen Bundesländern* mit Öffentlichkeitsarbeit zu unterstützen, bei den überwiegend westdeutschen Lesern für den Sinn der Erhaltung historischer Bausubstanz zu werben, kurzum, Länder übergreifend auf die kulturgeschichtlichen Werte im Osten aufmerksam zu machen. Damals schien es nötig, wiederholt zu betonen, dass die haupt- und ehrenamtlichen Denkmalpfleger, Restauratoren, und unzählige Pfarrer kleiner Dorfkirchen und Bürgerbewegungen in der DDR Großartiges geleistet hatten. Mit wenig Geld und Mangel an Baumaterialien hatten sie ganze Altstädte, Schlösser, Kirchen und Höfe vor dem Abriss oder dem Verfall bewahrt. Da diese anspruchsvolle denkmalpflegerische Arbeit, die den Respekt vor der originalen Bausubstanz voraussetzt, nichts mit frischer Lackierung zu tun hat, ziehen sich noch heute westdeutsche Augenbrauen über diese Tatsachen oft ungläubig zusammen.

Um am Abend Tante und Onkel nach vielen Jahren treffen zu können und ihnen nicht völlig erschöpft zu begegnen, haben wir heute eine kurze Etappe geplant, nur 18 Kilometer. Wir melden uns zur Übernachtung in Mechterstädt auf dem Bodelschwingh-Hof an, einer weithin bekannten, seit Generationen bestehenden diakonischen Behinderteneinrichtung mit Gärtnerei, Werkstätten, Rehabilitationssport, modernen Therapieräumen und Tagesbetreuung. Um Pilger und andere Gäste, die auf dem Weg sind, zu unterstützen, bietet der Verein auch Gästezimmer an.

Mit Rücksicht auf das Abendprogramm gehen wir nicht über die sagenumwobenen Hörselberge mit ihren Zwergenhöhlen und Feen, sondern unten durch das Tal. Das ist angeblich weniger spektakulär, aber auch authentischer. Denn die Via Regia, die alte Überlandstraße, die nach Frankfurt-Fulda-Eisenach-Erfurt-Leipzig undsoweiter führte, verlief hier am Auenrand der Hörsel und nicht als Umweg über den begleitenden Höhenrücken. Die Hörselberge können wir ein anderes Mal *machen*, zumal ich sie aus meiner Kindheit kenne.

Machen – das ist ein Fachausdruck. Punktreisende beispielsweise sagen *den Eiffelturm machen*, den *Ayers Rock machen*, *Tokio machen*, soundsoviel Orte, die man in seinem Leben gesehen haben sollte. Der streckenreisende Typus sagt aber auch: *den Rennsteig machen, den Appalachian Trail machen, den Camino machen*. Dieser Typus unterteilt sich wiederum in die Variante der Beseelten, die Eins werden mit dem Weg. Das

91

sind die Verschmelzer. Die sportliche Variation des Strecken-typus' sind die Kilometerfresser.

Jedenfalls: Wir hatten uns oft mit Tante und Onkel auf einem Parkplatz bei den Hörselbergen getroffen und waren dort spazieren. Horst, mein Vater, ist in Wutha am Fuße der Hörselberge geboren. Bruder und Schwägerin – eben Tante und Onkel – hatten im Dorf Beuernfeld bei Eisenach schon zu DDR-Zeiten ein Fachwerkhaus gekauft und es über die Jahrzehnte hinweg ausgebaut zu einem Großfamiliengehöft.

Leider ist der Weg so gemütlich, und das Gasthaus Zapfen-grund liegt direkt auf dem Weg. Wir sind in Thüringen, also gibt's mittags Klöße, abends Klöße, und an morgens arbeiten wir noch. Tatsächlich sind wir schon um 17 Uhr im Bodel-schwingh-Hof, wo wir uns das Bad mit einem irakischen Pär-chen teilen, das in der winzigen Küche lecker riechende Sachen kocht.

Der Cousin fährt mit rasantem Schwung sein großes schwar-zes Auto mit den getönten Scheiben auf den Parkplatz der Behinderteneinrichtung. Wir steigen in die Staatskarosse, ent-sprechend frisch geduscht in fleckfreier Abendkleidung, Elmar im geblümten Kragenhemd, ich im Blümchenkleid, modisch zerknittert. Tante und Onkel sind schick gemacht, der Cousin duftet nach Rasierwasser, und so fahren wir in schnittigem Stil zu fünft zurück nach Kälberstädt in den *Bärenjäger*.

Klingt nach großen Fleischportionen, und so ist es denn auch. Der Bärenjäger-Wirt wurde vorbereitet auf die armen Verwandten aus dem Westen, die so durchgeknallt sind, dass sie mit kaum was am Leib in den Osten gehen. Die Verwandt-schaft sorgt dafür, dass die ausgezehrten Pilger wenigstens ein-mal auf ihrer Reise was Anständiges auf den Teller bekommen. Über Thüringer Klößen an Hirschgulasch zeichnet mein Onkel beidhändig mit abgespreizten kleinen Fingern die Kontur eines Puppenhemdchens in die Luft – so, wie er es am Telefon ver-standen hatte, als ihm mein Vater halb amüsiert, halb besorgt von den bevorstehenden Selbstkasteiungen seiner Tochter berichtete. Die Nachricht von der Fütterung der armen Westverwandtschaft erreicht meine Eltern in Köln dann auch in Echtzeit, während sie in ihrem Garten vor vegetarischen Salattellern sitzen.

Damals, zu DDR-Zeiten, hatten *wir* die Geschenke im Gepäck. Dass wir die Marken-Jeans, mit denen die Eltern die Cousins bedachten, nicht mal uns selbst leisten konnten, haben wir nicht nur nicht thematisiert, sondern auch verschwiegen. Wer im Osten hätte diese Selbstlosigkeit verstehen sollen, die doch tatsächlich nur den Schein der Überflussgesellschaft bestätigte. Bilaterale Verdrehungen. *Austern für alle.* Missverständnisse, die nur entstehen konnten, weil in jedem Wohnzimmer *Westfernsehen* flackerte und Werbespots von der schönen reichen Westwelt ein materiell begehrliches Bild vom Alltag zeichneten. Ob die Jeans jemals in der Schule angezogen werden durften, danach fragten wir lieber nicht, denn die Kultgegenstände dürften bei den Jugendlichen als Signum für Westkontakte nicht nur freundliche Gefühle ausgelöst haben. Erst viel später wurde uns klar, dass Geschenke auch demütigend wirken können. Dabei wollten wir doch nur nett sein, das eigene schlechte Gewissen beruhigen, die Schuldgefühle erträglich machen.

Beim Aussteigen vor dem Bodelschwingh-Hof lässt der Cousin noch einmal sein dunkles Autofenster aufschnurren, *Ich hole euch überall ab, egal wo, ich bin da!* Der Moment erinnert die Tante mit Schrecken daran, dass sie beinahe das Paar selbst gemachter Räucherwürste in der Handtasche vergessen hätte: *Hier, Wegzehrung für den nächsten Tag.* Lecker.

Wandschmuck im Umkreis der Fahrzeugfabrik Eisenach,
Herstellungsort des PKW-Modells Wartburg von 1956 bis 1991.

Blick zurück auf die Hörselberge.

——

Willkommen im Bodelschwingh-Hof
Mechterstädt. 15⁴² Uhr

Gartenlaube von 1949: Ursprung der
Gärtnerei und des Bodelschwingh-Hofs
Mechterstädt, die Sozialeinrichtung
für behinderte Menschen.

——

Pilgerbett.

Eisenach → Mechterstädt

Tag 11 Nach den schönen Klößen wollen wir heute einmal ordentliche 26 Kilometer schaffen. Von Mechterstädt über Gotha bis Cobstädt, wo wir uns bei Thomas auf dem Anrufbeantworter angemeldet haben.

Doch unmittelbar hinter der Behinderteneinrichtung müssen wir noch den Kriegberg überwinden. Ein eigenartiges Landschaftsbild: Erst geht man oberhalb des Bodelschwingh-Hofes zwischen großflächigen Feldern, die sich vermutlich der Horizonterweiterung der früheren Landwirtschaftlichen Produktionsgenossen verdanken, und dann sieht man in der Ferne, ich kann es nicht glauben, Panzer über die Hügel röhren.

Das zerfurchte, sandige Panzergelände ist nicht umzäunt und aus unserer Gehrichtung auch nicht ausgeschildert. Lediglich kleine Tafeln des Naturschutzbundes erklären, dass sich auf dem historischen Truppenübungsplatz seltene Flora und Fauna auf der Heidekuppe ausbreiten. Vater-und-Sohn-Wochenende im Panzer, fantasiere ich, und mir ist nicht wohl während der nächsten halben Stunde. Als wir die asphaltierte Straße hinter dem Truppenübungsplatz erreicht haben, kommen uns Familienkombis mit Kind und Kegel entgegen, alle auf dem Weg zur Panzerselbsterfahrung. Bloß weg hier, aus diesem zigfach umgepflügten Niemandsland.

Gleich sind wir in Gotha, das sich wie Eisenach durch ein Stadtschloss in unmittelbarer Nähe des Marktes als kleine Residenzstadt in Thüringen zu erkennen gibt. Wie in Eisenach wurde die Altstadt mit den stattlichen Häusern am Markt denkmalpflegerisch aufwendig restauriert. Echte Plätze wie diese findet man in Großstädten, zumal in wieder aufgebauten, oft vergeblich. Gothas Marktplatz zeigt sich an diesem sonnigen Samstagvormittag als eine beliebte Kulisse für Hochzeiten. Die Festgesellschaften versammeln sich zum Gruppenfoto vor dem schmucken Rathaus, schick gemachte Gäste stelzen ohne Absatzverlust über das historisierende Kopfsteinpflaster. Es ist viel los, auf dieser städtebaulich perfekten Marktplatzbühne, auf der sich mehrere Seitenstraßen treffen und natürlich die Via Regia mündet. Zeit für einen Kaffee am Platze, Zeit für das perfekte Unterhaltungsprogramm. Wir lassen uns zum Kaffee bei *Elmi* nieder – und zur bösen Brautschau mit arroganten Wessikommentaren.

Doch so richtig lustig wird unser Gaffen in Gotha nicht. Man darf so etwas niemals niederschreiben, aber mir fällt fast die Gabel aus dem Gesicht, als Gruppen großflächig tätowierter junger Menschen vorbeiziehen, während eine Eierschecke gabelweise meine Pilgerwangen füllt. Ein kleiner Delfin auf zarter Mädchenschulter erweitert durchaus die Schmuckpalette. Doch *Schwarze Sonnen* auf prallen Männerwaden sind kein Spaß.

Ich fühle mich fremd. Wir ziehen weiter. Schlossberg, Wasserkunst, englischer Garten – alles nicht gesehen.

Auf einer Vorstadtstraße zieht mich die Tankstelle an, ein Eis soll sich über die Eierschecke legen. Das, was ich in Gotha gesehen habe, könnte in jeder anderen Stadt sein. Eis drüber. Ich schlendere in den Kassenraum mit der üblichen Ausstattung zur Rundumversorgung, angle mir das teuerste Eis heraus und bemerke beim Bezahlen eine Fee. Das milde Mädchengesicht aus einer anderen Welt sucht freundlich meinen Blick. Keine Tatoos. *Eine ganz besondere Feder haben Sie da,* sie schaut Elmar auf die Hemdtasche. Äh, wie? Oh, ich schenke Sie Ihnen. *Aber nein, das dürfen Sie nicht. Diese Feder ist für SIE bestimmt. Federn darf man nicht verschenken.* Ach so? Aber natürlich nicht. *Einen guten Weg Ihnen beiden!*

Ich rupfe das Folienpapier vom Eis, wir schweben aus der Tanke zurück auf die Landstraße. Wenig Verkehr. Keine Fußgänger. Straßendörfer. Gepflegte Einfamilienhäuser mit Vorgärten. Was machen die hier, die Leute, und überhaupt, wo sind sie? Zwei sehen wir bald in einem großen Garten zur Linken, in dem auch zwei stattliche Altbauten stehen. Ein älterer Herr – vermutlich so alt wie ich – spricht uns freundlich an: Kommen

Sie doch rein, dies ist das Gustav-Freytag-Haus. Aha. Keine Ahnung, wer Gustav Freytag war. Ein Autor, dämmert es mir, aber von was? Das Eis ist noch nicht aufgegessen, schon kommt ein noch älterer, abermals freundlicher Herr aus dem Haus. Ein brütend heißer Gehtag, auf der Landstraße, noch etliche Kilometer vor uns, das Eis in der Hand. Ich kann mich gegen das offene Gartentor und den beginnenden Text nicht wehren. Wir geraten in das ehrenamtliche Magnetfeld des Dichterhauses. Ich verschlinge mein Eis.

Es ist grausam, aber wahr: Kultur geht nicht immer. So ein zauberhaftes Haus, dazu eine traurige Geschichte um die Erhaltung und den Förderverein und den Bürgermeister und den Geldmangel und den Investor. Ich lehne das Bündel an Prospekten ab, die wir doch bitte auf unserem Weg verteilen mögen, und verspreche, daheim nachzuarbeiten.

Siebleben, Tüttleben, Grabsleben. Keine Industriegebiete mehr, echt Land. Links schon Stoppeln, rechts noch Hafer. Alleen junger Apfelbäumchen – hübsche Doppelbänder in der Landschaft. Schließlich das Ziel, das Dorf Cobstädt.

Die Haustür steht offen. Der Garten grenzt unmittelbar an die Dorfkirche. Alles echt und genutzt, gepflegte Patina. Wir machen uns durch lautes Hallo bemerkbar, durchqueren einen barocken Hausflur, gelangen auf der anderen Hausseite in den Innenhof und Garten. Von der Scheune ruft es entgegen, hallo, hier sind wir.

Wir setzen uns an den Tisch. Ich bin Jaap aus Holland, ich bin Max, ich bin Elisandra. Wir sind Elmar und Angela und haben uns bei Thomas angemeldet. Ja, der kommt gleich. Nehmt euch was zu trinken, später gibt es Essen.

Kauft hier einen alten Hof für 25 000 Euro, rät uns Thomas, als er uns später über seine Felder und durch die Gemüsegärten führt, *hier könnt ihr viel besser leben als in der Stadt, ich zeige euch alles.* Es gibt Esel, Mulis, zwei Kühe, Schafe, Hühner sowieso.

LebensGut-Cobstädt: In diesem Verein ist Thomas Projekt-
leiter der *Arche der Vielfalt*. Er ist derjenige, der die Obstalleen
in der Gegend und am Jakobsweg angelegt hat. Das Projekt
klingt so einfach, klingt nach Luther: Auch wenn ich wüsste,
dass die Welt morgen zu Grunde geht, würde ich heute noch
meinen Apfelbaum pflanzen. Nach Jahren der Wanderschaft ist
Thomas mit seiner Frau Elisandra aus Kuba zurück gekommen.
Der studierte Gartenbauingenieur praktiziert biologischen Anbau in der vom Verein initiierten gentechnikfreien Region. *Die
Saatsammlung, das ist unsere Altersversicherung.* Geldakkumu-
lation ist für Thomas eine Luftnummer, viel zu hohes Risiko.
Das wichtigste ist das fruchtbare Land, der regionale Anbau,
Tauschen und Helfen auf nachbarschaftlicher Ebene.

Und wenn jemand kommt und euch das nicht gönnt? Hatten
wir schon, meint Thomas später gelassen beim Lagerfeuer, der
hat dann bei mir ein Praktikum gemacht und fast in die Tasse
gespuckt, als ihm meine schwarze Frau den Kuchen gebracht
hat. Du musst ihnen erklären und zeigen wie es geht, wenn
sie von Boden, Heimat und Arbeit schwärmen, und dass du es
eigentlich nicht viel anders machst als sie es phantasieren: das
Land bewirtschaften, das Regionale stärken, mit Freunden zu-
sammenarbeiten. Dann packt er mit an und kapiert erst, dass
wir das politisch völlig anders sehen als er. Nach zwei Monaten
zieht er die Springerstiefel aus und nicht wieder an.

Klingt utopisch. Ist bloß idealistisch. Das große Gelände
hat die Evangelische Landeskirche an den Verein verpachtet.
Thomas hat die Kirche von seinem Plan überzeugt.

LebensGut-Cobstädt.

LebensGut-Cobstädt: sozialökologische Lebensgemeinschaft,
Pflege alter Obstsorten, Wiederherstellung und Neuanpflanzung
von Apfelbaumalleen, Selbsterntebeete, Produzent von
ökologisch angebauten Lebensmitteln, Pädagogik, Musik und Kultur.

Tag 12 Erfurt ist die Stadt Luthers, und besonders in diesem Sommer ein beliebtes Reiseziel. Denn in Vorbereitung auf die für 2017 bundesweit beworbenen Feierlichkeiten zum fünfhundertjährigen Reformationsjubiläum kommen noch mehr Gäste als sonst aus aller Welt in die thüringische Landeshauptstadt.

Daher haben wir vorsorglich zwei Tage zuvor telefonisch nach einer Übernachtungsmöglichkeit in Luthers Studentenwohnheim gefragt. Wir wollen unbedingt unter dem gleichen Dach liegen, wenn auch zeitversetzt. Da wir sonntags ankommen, müssen wir bis soundsoviel Uhr im Augustinerkloster die Schlüssel abholen, *sonst ist keiner mehr da!* Also raus aus Cobstädt, auch wenn ich todmüde bin, weil die Dorfkirchenglocke nachts alle Viertelstunde meine Träume dahingehend belebt hat, dass ich wiederholt vor der versammelten Gemeinde zu spät zum Gottesdienst erschien, weil ich keine passenden Schuhe fand.

Ich freue mich auf die restaurierte Georgenburse, ein mächtiges Renaissancegebäude, das ich noch als bröseliges Gemäuer in Erinnerung habe und das seit Fertigstellung der Sanierung 2011 als Pilgerherberge geöffnet ist. Wahrscheinlich hatte Luther vier Jahre, von 1501 bis 1505, in dem Steinhaus an der Gera gewohnt. Nach dem Magisterexamen zog er aus seiner Studentenunterkunft aus, um im nahe gelegenen Augustinerkloster als Mönch zu wirken.

Das Gehwetter zwischen Cobstädt und Erfurt ist perfekt. Sonntagswetter eben. Der knallblaue Himmel ist mit weißen Kumuluswölkchen ausgepolstert. Apfelalleen zeichnen punktierte Linien auf die Hügel. Genau so sehen die Sehnsuchtsbilder in Meditationsmagazinen aus. Die Luft ist trocken und warm, aber selbst mittags nicht zu heiß. Dieses Fluidum kann man nicht vorbestellen. Wir haben einige Klassiker dabei: Wasser, Brot, Wurst, Nüsse. Das Lebensgefühl säuselt: Heute gibt es nichts weiter zu tun, als auf Erfurt zuzugehen.

Die Felder sind in Thüringen seit einigen Jahren besonders gerändert: Bunte Feldblumen bilden so genannte Blühstreifen am Wegesrand. Dort summen Bienen und Schmetterlinge – wie in Spitzwegs Gemälde *Der Sonntagsspaziergang*. Ich hole also meinen ebenso praktischen wie knallorangefarbenen Sonnenregenschirm heraus und tänzle beschwingt über die trockenen Feldwege.

Die thüringer Landschaft um Erfurt herum ist wunderbar. Man trifft nur niemanden. Die Dörfer sind Dörfer, ich sehe kein einziges Gewerbegebiet, keine Neubauerweiterung. Aber auch keine Dorfkneipe, nichts, nur Bild. Ohne Auto bist du hier verloren. Auf den Feldern trocknen abgeerntete Heurollen, die die Maschine ausgewürgt hat, in Abständen wie die Ansätze frischer Tinte eines Federkiels. Ideale Schattenplätzchen für eine Pause mit Butterbrot, sogar mit Mittagsschläfchen.

Irgendwann führt der Weg als Brücke über die Autobahn, das müsste die A71 sein. Dort drüben erkennt man den Erfurter Flughafen, kein Vergleich mit Rhein-Main. Deutlicher als der Tower sendet der riesige IKEA-Mast die Botschaft in die Landschaft, dass sich das Prinzip der Raumvergrößerung durch Verschachtelung bis ins letzte Dorf rumgesprochen hat. Der Sichtbarkeitsradius beträgt mindestens zwei Kilometer über den Acker, als ob jenes Prinzip für sämtliche grauen Mäuse zu gelten hätte.

Der Weg führt schließlich auf Erfurter Stadtgebiet am EGA-Gelände vorbei, durch Schrebergärten, und dann durch ruhige Wohnstraßen bergab in die Stadt hinunter. Ich erinnere mich jetzt an unsere Recherchereise nach Erfurt vor ein paar Jahren. Damals hatten wir einen ganzen Tag in dem Parkgelände verbracht. Die Erfurter Gartenbauausstellung (EGA) ist das Nachfolgeprojekt der Internationalen Gartenausstellung (IGA), die seit 1961 in der DDR als Parallelprojekt zu den bundesdeutschen Gartenschauen veranstaltet wurde. Im weitläufigen Park der IGA erinnert noch vieles an den Charakter der 1960er

Jahre, etwa die Gebäude selbst, die Bodenplatten der Wege, die zarten Metallgeländer und Handläufe, die charakteristischen Pflanzen- und Brunnenschalenformen – Zweckentfremdungen industrieller normalgewölbter Tankböden. Alles dies steht unter Denkmalschutz und wird mittlerweile glücklicherweise wertgeschätzt.

Überhaupt wirkt die thüringische Landeshauptstadt auf mich sehr reizvoll. Die historische Innenstadt wurde über Jahrzehnte mit großem Aufwand saniert und restauriert, erscheint aber keineswegs museal konserviert, sondern lebt als Universitäts- und Verwaltungsstadt mit Einzelhandel, belebten Plätzen und Straßencafés, Märkten, Kneipen, innerstädtischen Grünzonen und der modernen Bebauung am Juri-Gagarin-Ring, Wohnhochhäuser des real existierenden Futurismus.

Obwohl wir wieder einmal ziemlich müde ankommen und auch noch die einzigen Gäste in der nahezu luxuriös sanierten Georgenburse sind, zieht es uns zum Abendessen ins Stadtleben. Wir ergattern im voll besetzten Biergarten an der Krämerbrücke einen Tisch und hören endlich wieder andere Sprachen an den Nebentischen. Seltsam, aber es tut mir gut, nach 13 Tagen Hessisch und Thüringisch mal wieder Französisch, Englisch und Polnisch zu hören.

Ich freue mich darüber, in Erfurt zu erleben, wie anziehend eine alte Handelsstadt an der Via Regia heutzutage wirken kann, wenn Geld und Fachverstand gleichermaßen in Sanierungen und Stadtreparatur geflossen ist. Es mag sein, dass einiges Geld noch effektiver hätte investiert werden können, und es ist wahr, dass die Denkmalpfleger und Archäologen bei einigen Überrestaurierungen Grund zur Kritik haben, aber ich bin davon überzeugt, dass Erfurt zu denjenigen Städten in Deutschland zählt, in die man auch Freunde aus anderen Teilen der Welt entspannt führen kann.

Meine Familie mütterlicherseits kam aus Erfurt und ist in den frühen 1960er Jahren *in den Westen* gegangen. Aber wenn ich heute über die Krämerbrücke gehe, durch das Andreasviertel schlendere oder im Stadtpark auf einer Bank sitze, fallen mir die ganzen Geschichten ein, die mir meine Großmutter und Urgroßmutter über Erfurt erzählt hatten. Für beide Frauen war Erfurt die Stadt schlechthin. Sie erzählten von der Straßenbahn, vom Theater, den Geschäften, Cafés und Handwerksbetrieben, von Schustern, Schneidern und Friseuren. Beide sahen sich als Städterinnen, im Unterschied zu den Schwestern und Tanten, die aufs Land geheiratet hatten. Man ging nicht *in die Stadt* ohne sorgfältig ausgewählte, angemessene Kleidung, ohne Hut und Handschuhe. Oma schwärmte mir vom Flair in den Cafés vor, lange bevor ich als Jugendliche zum ersten Mal hierher fuhr – und von der grauen, tristen Stadt im Nachkriegszustand enttäuscht war. Im HO-Restaurant bekam man keinen Tisch, obwohl sie alle frei waren; das einzige ergiebige Geschäft war eine Buchhandlung mit klassischen Schallplatten, und selbst die groß angekündigte florale Leistungsschau, die IGA, wirkte auf einen Teenie aus dem Westen kleinkariert und blümerant.

Mein Blick änderte sich freilich später, und ich war froh, dass nach 1991 doch eine Menge Geld in die Sanierung der thüringer Landeshauptstadt floss. Für Kunst- und Bauhistoriker ist Erfurt ein Glücksfall, vor allem, wenn man den Baubestand mit kriegszerstörten Städten wie Berlin, Hamburg, Köln oder Frankfurt vergleicht. Erfurt hingegen ist ein Flächendenkmal mit hunderten erhaltener Wohnhäuser, darunter mittelalterliche Keller, eine Stadt mit Kirchen und Klöstern aus den letzten 600 Jahren – was auch im Stadtmuseum anschaulich und kurzweilig dargestellt wird. Erfurter Historiker haben große Datenmengen für eine digitale Zeitraffer-Präsentation zusammengetragen, die zeigt, wie sich die Architektur der Stadt vom Mittelalter bis heute entwickelt hat.

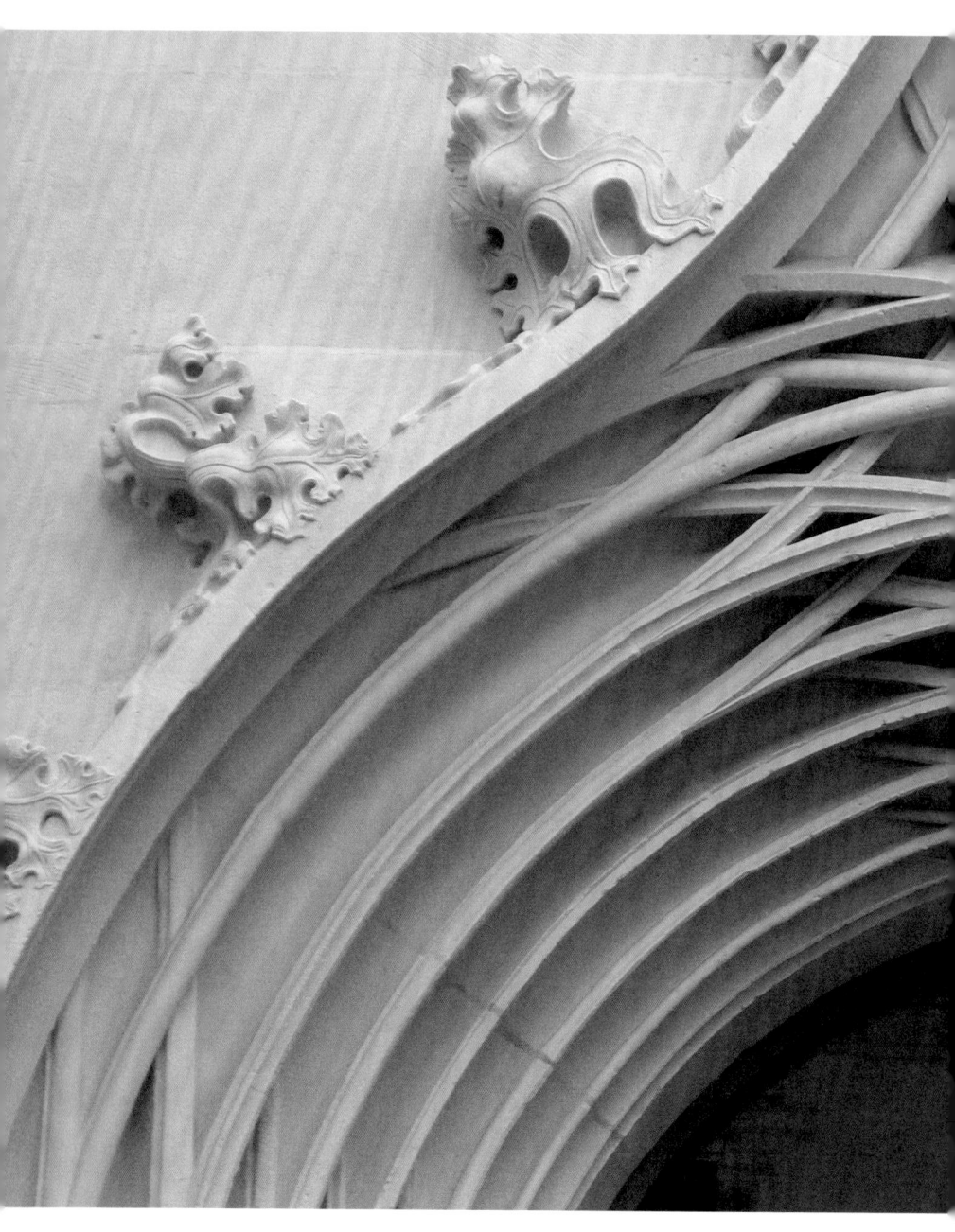

Kielbogenportal des Collegium Maius,
Universität Erfurt, um 1512.

Die Via Regia in Erfurt:
Krämerbrücke über der Gera.

———

Kunst im öffentlichen Raum.

Herberge unter dem Dach der Georgenburse:
Studentenwohnheim Martin Luthers zwischen
1501 und 1505.

———

Eintritt in die Georgenburse. 15^{34} Uhr

Cobstädt → Erfurt

Tag 13   Da die nächste Matratze nur 22 Kilometer entfernt in der Dorfkirche von Stedten liegt – keine Ahnung, wo das ist, nie gehört, die Hüterin des Herbergsschlüssels hatte am Telefon betont, es gäbe in Stedten nichts zu essen –, dürfen wir am Vormittag noch ein bisschen durch Erfurt bummeln, uns einen zweiten Kaffee genehmigen, Proviant einkaufen, auf dem Rathausplatz Leute gucken und in Luthers Augustinerkirche sitzen.

Malcolm, der britische Stadtführer, hatte uns am Lagerfeuer in Cobstädt mit feuriger Begeisterung von der Zahlensymbolik im Augustinerkloster erzählt: *Überall findet ihr die Zahlen drei und vier.* Beide haben Luther in seiner Klosterzeit geprägt. Die Drei steht unter anderem für die Trinität, für Vater-Sohn-Heiliger Geist, für die spirituelle Welt, während die Anspielungen auf die materielle Welt mit der Vier abgekürzt werden. Wir sitzen vor dem buntflirrenden mittelalterlichen Glasfenster. Eindringlich habe ich das Leuchten der Papageien und Lutherrosen in den Augen und Malcolms Empörung über Luthers Vater in den Ohren: Der Vater habe seinen Sohn getadelt, als Martin bei seinem ersten Gottesdienst als Mönch aus lauter Aufregung den Messwein verschüttet habe. Malcolm fand es ungeheuerlich, mit wie wenig Empathie sich Luthers Vater aufgeführt habe. Recht so, denke ich, denn zu diesem Zeitpunkt war schließlich noch jeder liturgische Handgriff heilig.

Heute ist das evangelische Augustinerkloster ein modernes Tagungszentrum, das sich als Haus der Versöhnung versteht. Wir steigen hinab in das große Kellergewölbe unter dem Neubau der Klosterbibliothek, das die Nagelkreuzgemeinschaft als einen *Ort der Stille* eingerichtet hat. Während über uns im Saal eine Gesellschaft tagt und zu uns das Scheppern von Kaffeetassen, die Schritte, das Lachen und Plaudern klingen, sitzen wir im Kellerraum. Wir lesen und gedenken der mehr als 267 Frauen, Männer und Kinder, die in diesem Keller am 25. Februar 1945 bei einem Bombenangriff ihr Leben verloren.

114

Unseren Auftrag des Tages erledigen wir in der Buchkettenfiliale. Alles so groß hier, so viele Menschen, was für ein Gewimmel. Doch in der Erfurter Buchhandlung suchen wir vergeblich das Anschlussstück für die Landkarte, die uns Wolfgang auf der Wartburg geschenkt hatte. Die endet nämlich in Leipzig. Die freundliche Erfurter Buchhändlerin bestellt sie für uns in die Leipziger Filiale.

In einer Einkaufspassage wird es ruhiger: Nicht zu fassen, das alte Internetcafé hier gibt es immer noch, obwohl die Blütezeit dieser gastronomischen Abart lange abgelaufen ist. Wir haben neun unbesetzte Mattscheiben vor uns. Ich krame mein Passwort aus einer Hirnwindung und checke mit einer seltsamen Gefühlsmischung aus Aufregung und Langeweile nach fast zwei Wochen die Mails. Es ist nichts passiert, nichts Schlimmes, in zwei Stunden sind die wichtigsten Attacken gekontert. Es geht also auch ohne. Der Weg geht weiter.

Der Fußweg von Erfurt nach Stedten ist genauso schön wie der am Tag zuvor. Perfektes Wetter, satte Felder, riesige Vollernter, große Staubwolken, Apfelalleen, Pflaumen und Mirabellen aller Couleur in kilometerlangem Gebüsch. Wohl kaum jemand wird diese Biofrüchte jemals ernten. Wir pflücken, was in die Backentaschen passt.

Zauberhafte Dorfkirchen mit rührender Ausstattung sind auf dem Weg geöffnet. In Wallichen liegt eine Unterschriftenliste aus, in der die Einwohner fordern, dass der Verlauf des Ökumenischen Pilgerweges so bleiben soll, wie er ist. Wie – spielt der Weg für die Anwohner eine Rolle? Hier ist doch kaum einer unterwegs?! Das müssten wir doch merken, denn wir gehen dem Pilgerstrom entgegen. Aber ja, in dieser dünn besiedelten Gegend, so erklärt uns eine Dame beim Blumengießen auf dem Friedhof, sei es sehr wichtig, dass ab und zu Pilger vorbeikämen. Aha. Außerdem ärgere es sie sehr, dass schon zwei Mal die großen weißen Kerzen aus der Dorfkirche gestohlen worden seien. Was für ein blödsinniger Diebstahl.

In Ollendorf suchen wir ein paar Minuten lang nach dem richtigen Weg aus dem Ort heraus. Kein Mensch auf der Straße. Montagmittag eben, und Ferienzeit. Alles sehr tonig, erdig hier, keine schrillfarbigen Fassaden. Fast unauffällig sitzen auf den Spitzen eines Lattenzaunes viele bunte gehäkelte Geister. Sehr lustig und erfrischend. Wasser wäre mir jetzt aber lieber. Kaum gedacht, taucht etwas anderes Buntes vor mir auf. Ein Junge, wohl kaum zehn Jahre alt, kurvt mit seinem Rad lässig und neugierig in großen Schwüngen auf die beiden Rucksackmenschen zu.

Sucht ihr etwas? Ja, den Weg nach Stedten. *Da müsst ihr dort lang.* Ob wir Wasser wollten, fragt er völlig überraschend. Äh, ja, natürlich, gerne. Wir hätten das Kind niemals nach Wasser gefragt. Er ist der erste Mensch, der auf die Idee kommt, dass wir Wasser brauchen könnten. Völlig unkapriziös und wortlos nimmt er unsere beiden leeren Plastikflaschen entgegen und radelt gemütlich die Straße entlang. Wir warten in gehörigem Abstand vor einem mächtigen Hoftor, hinter dem er verschwunden ist. Als er uns die beiden vollen, kühlen Flaschen zurückgibt, erstaunt er mich ein zweites Mal. Er wartet, bis jeder von uns einen großen Schluck genommen und seine Flasche verstaut hat. Dann sagt er wörtlich: *Kommt gut an!*

Ein Wegvariante führt über Buchenwald. Schloss Ettersburg mit dem Pücklerschlag – ein Gartenkunstwerk, bei dem Fürst Pückler eine Sichtschneise in die weite Landschaft von der Beletage des Schlosses aus dem bestehenden Wald herausarbeiten ließ – werden wir diesmal nicht besuchen. Auch das Konzentrationslager Buchenwald oberhalb von Weimar lassen wir auf dieser Fußreise aus.

Wir sind gut angekommen. In Stedten. Mehr als das: Wir finden eine außergewöhnliche Übernachtungsmöglichkeit, als einzige Gäste oben im Kirchturm, mit Rundumblick in die Landschaft, mit Bad und Küche unter der Empore der Kirche. Nicht zu fassen. Was für ein Vertrauen.

116

Alle Straßen in Stedten heißen Dorfstraße. In einer davon gibt uns die Schlüsselhüterin nicht nur fröhlich und knapp den Kirchenschlüssel, sondern schickt uns auch in die Dorfkneipe, die wir ohne ihren Hinweis nicht als solche erkannt hätten.

Wir nehmen im familiären Ambiente des Biergartens auf handgenähten Sitzkissen und rustikalen Holzstühlen Platz. Die Wirtin serviert uns – den einzigen Gästen natürlich – ein frugales Abendbrot mit Spiegeleiern. Das Laubendach, unter dem pralle Weintrauben wie in einem Treibhaus reifen, schützt uns vor allem, was vom Himmel niederkommen kann.

Mit am Tisch sitzt Enkel Thor, der aus Norwegen zu Besuch ist und mit Opa Karten spielt. Niemand fragt uns, wer wir sind, woher wir kommen, wohin wir gehen. Ich hingegen erfahre von Thor, dass es in Norwegen sogar acht Wochen Sommerferien gibt. Ein Nachbar kommt wortkarg, aber freundlich hinzu, setzt sich selbstverständlich mit an den Tisch, bestellt ein Bier, das ihm der Wirt und Opa aus dem Gastraum holt, und sagt mit Blick auf uns, er komme aus Südafrika und sei gerade zu Heimatbesuch im Dorf. Na klar, Stedten ist der Nabel der Welt. Und wir schlafen im Kirchturm. Direkt an der echten Via Regia.

117

Verkehrsprojekt Deutsche Einheit Nr. 8.2
und eine fremde Pilgerin.

Erfurt → Stedten

Strickgeister in Ollendorf.

———

Angebunden an das internationale Wegenetz:
Wallichen, das Gartendorf am Pilgerweg.

Ankunft in Stedten:
Herberge im Turm von St. Kilian.
19³⁹ Uhr

———

Aufgang zum Schlafplatz über
die Kirchenempore.

Erfurt → Stedten

Tag 14 Tropfen klopfen mich wach. Oha. Der dritte Regen auf unserem Weg. Nach zwei Wochen. Der trübe Blick aus dem Kirchturmfenster zeigt die verhangene Landschaft. Also auf. In der Kirchenküche koche ich Kaffee, lege einen Schein ins Körbchen und sorge wie gehabt dafür, dass wir keine Spuren hinterlassen. Der Schlüssel klonkert, wie verabredet, in den Briefkasten am Dorfende.

Wir sind wieder frei. Auf nach Eckartsberga, das an der Grenze von Thüringen und Sachsen-Anhalt liegt, und, wie die Überlieferung es will, sich am Fuße von Eckarts Burg entwickelt hat. Am Abend werden wir es sehen: Die Burg ist ein regelrechtes Bollwerk, vom Bergfried öffnen sich weite Blicke in die flache Landschaft – zur strategischen Kontrolle und zur romantischen Zerstreuung, je nachdem. Wir nutzen beide Modi, nehmen die Peilung unserer Herkunftsrichtung vor und schwärmen von der Vergangenheit unserer jüngsten Tage.

Gerade bei frischem bedeckten Sommerwetter geht es sich sehr gut. Ein bisschen Regen ist kein Problem. Über die Dörfer Buttelstedt und Seena führt der wunderschöne Weg wie an den Vortragen unter Obstalleen weiter durch die landwirtschaftliche Gegend. Die vergreisten Mirabellenbüsche hängen voll mit diesen süßen Kugeln. Frischer und saftiger geht es nicht. Auch die Apfelbäume hängen voller prallroter Früchte, die Äpfel sind aber Anfang August noch nicht reif. Ich vermute, in etwa 14 Tagen sind sie soweit, wenn es auf Görlitz zugeht.

Das erinnert mich daran, dass bald die Hälfte der Weges hinter uns liegt. Ob wir die 600 Kilometer schaffen werden? Die strengste Hürde ist der Kalender, denn wir müssen an einem bestimmten Arbeitstag wieder Zuhause sein, egal wie weit wir bis dahin gekommen sein werden.

Gleich hinter dem Dorf Stedten betrachten uns neugierige Kulleraugen. Strauße schauen über ihren Gehegedraht auf uns herab. Heute morgen in der Kirchenküche war mir angesichts der Straußeneierschale nach Omelett zumute.

Es gibt tausende von wertvollen Dorfkirchen wie in Buttelstedt oder Seena in den östlichen Bundesländern. Nicht allen
Gebäuden sieht man die lange Baugeschichte sofort an. Unzählige Kirchen gibt es nur, weil sie von ehrenamtlichen Helfern
repariert wurden, meist von alteingesessenen, oft nicht mal
kirchlich orientierten ortsansässigen Nachbarn, die ihrerseits
wieder Mitstreiter für das gemeinsame Rettungsprojekt gewan-
nen. Manche Kirchen bestehen aus einem kleinen Kirchsaal
mit bemalter hölzerner Empore und einem Chorturm, andere
wirken viel zu groß und überdimensioniert für den kleinen Ort
um sie herum, wie etwa in Buttelstedt. Die oft sehr stattlichen
Baudenkmale stellen die Gemeinden vor schier unlösbare Auf-
gaben, die sie ohne finanzielle Unterstützung durch private
Spenden und Förderprogramme auf Landes- und Bundesebene
noch weniger bewältigen könnten. Vielerorts haben die lokalen
ehrenamtlichen Kirchenretter einfache Infotafeln in den Gebäuden aufgestellt; Fotografien und Texte schildern den Gästen
eindrücklich, wie aufwendig und mühsam die kleinen Gotteshäuser über Jahrzehnte vor dem Verfall gerettet wurden.

Kirchen gehören zum Orts- und Landschaftsbild. Besonders
die Dorfkirchen im Weimarer Land inspirierten immer wieder
Künstler, durch die Landschaft zu spazieren, um sie in ihrer
Umgebung zu zeichnen oder zu malen. Wenn dann eine Kirche
von einem berühmten Künstler wie Lyonel Feininger auf Ge-
mälden verewigt wird, ist das mehr als eine Notiz wert. So wird
die Kirche in Oberreißen, die zwischen Buttelstedt und Seena
steht, im Weimarer Land die *Feiningerkirche* genannt. Das Ori-
ginalbild hängt in Hannover im Sprengel-Museum.

Zu jeder Dorfkirche gibt es diese beeindruckenden Geschichten von Menschen, denen, ob kirchenfern oder selbst
religiös, es wichtig ist, den baulichen und sozialen Mittelpunkt
ihres Ortes zu beleben. Die multifunktionalen Nutzungen als
Konzertraum, Vortragssaal oder eben als Pilgerherberge sorgen mit dafür, dass die oft jahrhundertealten Gotteshäuser mit

123

ihrer handgefertigten Ausstattung nicht gänzlich vergessen werden. Private Spenden von Zufallsgästen, Pilgern, Wandergruppen oder Chören sind unverzichtbar für die weitgehend ehrenamtlich getragenen Pflege- und Erhaltungsmaßnahmen.

Auch die Stadtkirche in Eckartsberga ist groß, zu groß für die wenigen Gemeindemitglieder, wie so oft. Auf dem Kirchberg gelegen, zeigen ihr dominantes Bauvolumen und ihr Turm schon von weitem, wo die Stadt Eckartsberga liegt. Dort sind wir wieder im Pfarrhaus angemeldet, wir gehen auf den Kirchberg hinauf. Die Pfarrerin stellt den Saal im Pfarrhaus Pilgern für eine Nacht zur Verfügung. Der Saal wirkt gemütlich, die Stühle aus der Chorprobe stehen noch im Kreis, morgen früh trifft sich die Frauenrunde, da werden wir die Matratzen längst wieder in den Nebenraum senkrecht gestellt haben.

So malerisch die alte Stadt Eckartsberga am Rande der Finne, einem Bergrücken zwischen Thüringen und Sachsen-Anhalt, gelegen ist, so traurig wirkt das Stadtbild an diesem Tag auf mich. Es ist nicht nur das Wissen darum, dass sich das grauenhafte Schlachtfeld der Schlacht von Jena und Auerstedt 1806 zu Füßen dieser Stadt ausdehnte. Es ist die Abwesenheit von öffentlichem Leben auf den Straßen. Die einst stattlichen Wohngebäude an der Hauptstraße stammen eindeutig aus einer wirtschaftlich besseren Zeit, die weit hinter den verwelkten Schriftzügen und Konsumsignets liegt. Viele Häuser stehen leer, offenbar wandert die jüngere Generation ab.

Mein Spähblick gilt wie immer einer Bäckerei oder einer Kneipe. Nach einem Gehtag sind meine Erwartungen so flexibel, dass ich bereit bin, alles zu essen, egal wie verblichen die Speisekarte ist. Hauptsache Essen. Doch die Tür zum Hotel Krone am Rathaus ist verschlossen, *Betriebsferien* steht auf dem handgekritzelten Zettel. Es bleibt nur die Tankstelle, Chips und Dosenbier. Es gibt nichts. Um nichts unversucht zu lassen, rufe ich einem Mann zu, der plötzlich aus einem der Häuser huscht. Entschuldigung, wissen Sie vielleicht …

Mit freundlichem Gleichmut meint er, *doch, doch,* es gebe eine Gaststätte in Eckartsberga, sogar mit Tennisplatz, er wolle uns hinführen. Dies wiederum erscheint mir völlig unglaubwürdig, denn der scheue Mann sieht selbst wie ein Suchender aus. Aber ich stoße ihn nicht mit meinem Zweifel vor den Kopf. Dass ich vor Hunger nicht diskutieren kann, merkt er nicht. Also folgen wir dem schweigsamen Mann mit dem dicken Bauch eine bröckelige Steintreppe zwischen Wohnhäusern hinauf. *Hier,* sagt er, und verschwindet so schnell wie er gekommen ist. Ich fasse es nicht, wir stehen vor der veritablen Gaststädte *Finneland,* benannt nach dem markanten Höhenzug. Nichts wie rein. Innen ein großer Gastraum, eine Theke, niemand zu sehen. Hallo, Entschuldigung, guten Abend … Ein schlanker Mann schwebt aus der Küche neben dem Tresen. Ja bitte, gerne, natürlich gebe es bei ihm warmes Essen, was für eine Frage. Ich komme mir vor wie ein Idiot. In jedem Urwalddorf hätte ich es normaler gefunden als an diesem Abend in Eckartsberga.

Nach exzellenten Klößen mit allem drum und dran hören wir gerne die interessante Lebensgeschichte des Inhabers und seiner Familie. Und wieder höre ich eine der unzähligen Varianten deutsch-deutscher Biografien. Der Gastronom war ein staatlich geförderter Tennisspieler in der DDR, der 1987 mit seinen Eltern nach etlichen Polizeigesuchen ausreiste, weil sich die Familie für seinen schwer erkrankten Vater eine Spezialbehandlung am Bodensee erhoffte. Ich bin froh, dass jener Vater nun nachdenklich, aber lebendig, mit uns beim Bier sitzt. Nach 1991 ging die Familie wieder nach Eckartsberga zurück, um sich hier mit der Gastronomie eine neue, freie Existenz aufzubauen.

Es wurde ein angenehmer, entspannter Abend, und ich versprach, ihm aus Görlitz eine Karte zu schicken. Was ich vergessen habe.

125

Blick von der Eckartsburg: vorne Sachsen-Anhalt,
hinten Thüringen (ab den vier Silos),
links gerade nicht mehr im Bild: Auerstedt.

Stedten → Eckartsberga

Diorama der Doppelschlacht bei Jena und
Auerstedt 1806: allein bei Auerstedt
mit etwa 20 000 Toten und Verwundeten.

Herberge im Pfarrhaus Eckartsberga.
17²¹ Uhr

Freie Fahrt für Frisch Frucht Erfurt.

Kleiner Plakatanschlag in Oberreißen.

Tag 15   Sichtbare Perspektivlosigkeit in Eckartsberga, dieser
          einst bedeutenden Handelsstadt an der Via Regia,
die sich im 10. Jahrhundert zu Füßen der Eckhartsburg entwickelte. Kein geringerer als der mächtige Markgraf Ekkehard I. von Meißen, Sohn des Grafen Gunther von Merseburg,
war der Bauherr der Burg hoch über dem Tal. Doch die Haupt-
verkehrsader, für heutige LKW-Dimensionen viel zu schmal,
durchquert hier die Finnehänge. Um 7 Uhr bekommen wir
beim Bäckermetzger auf der Hauptstraße für 32 Cent Mettbrötchen, für 50 Cent Kaffee. Und da wir die einzigen Gäste in
der nächsten halben Stunde sind, erzählen die zwei Frauen,
die Bäckereiverkäuferin links hinter der Kuchentheke, und die
Metzgereiverkäuferin rechts hinter der Fleischtheke, von ihrem
Ostleben *seit der Wende*. Mir schwirrt es im Bauch und Kopf,
während ich zum dritten Becher Kaffee mit Büchsenmilch am
Stehtisch zwischen den Theken greife.

Die Schilderungen über das Leben in der ostdeutschen
Provinz klingen für mich immer leicht vorwurfsvoll, rituell
nach Westen ausgerichtet. Ich höre von Preissteigerungen und
Preisverfall, Wohnungsnot und Leerstand, Abwanderung der
Jugend in den Westen und skrupellosen Westinvestoren mit
Schlips und billigen Schuhen, noch billigeren Handwerkern
aus Polen und Bauruinen, von Arbeitslosigkeit der Generation
Fünfzigplus. Die Verkäuferinnen finden es absurd, irgendwo
hinzugehen, obendrein zu Fuß. Bei dem Satz, *zu DDR-Zeiten
war auch nicht alles schlecht,* wird es Zeit zu zahlen.

Zu Westzeiten war auch nicht alles schlecht, grübele ich.
Diese Erzählstrukturen sind bundesweit einheitlich, und ich
unterdrücke meinen plumpen Gegenvorwurf.

Der Mittwochmorgen ist schon sonnig, und gewohnte 22 Kilometer trennen uns von Naumburg. Erwartungsvoll denke ich
an die mittelalterliche Stadt und die Kathedrale.

Waldwege führen den Hang hinauf, an der Eckartsburg
(Gründung um 1000), dann an der Windmühle vorbei über

eine Hügellandschaft mit Feldern und Obstalleen. Wie Pinnadeln im Diorama stecken die Turmhelme in der Landschaft. Gotische Wegweiser.

Die Feldränder sehen in diesen Tagen anders aus, wir sind mittlerweile in Sachsen-Anhalt. Keine Blühstreifen mehr mit Schmetterlingen, wie in Thüringen, stattdessen grünes Gras ohne Klee, ohne Blumen. Felder bis zum Horizont. Es gibt viel knallgelben Raps, hoch stehenden Mais, dazwischen die in Staubwolken gehüllten Erscheinungen der Erntemaschinen. Aus der Nähe der großen Hallen mischt sich tierischer Geruch dazu. Irgendwo muss es herkommen, das Fleisch zu jedem Kloß.

Die Dörfer sehen freundlich aus, scharf konturiert, kein Ausfransen an den Rändern; an den festen Grenzen des Ackerbaus ist nicht zu rütteln – im Unterschied zu den Dörfern im ländlichen Westen mit ihren Neubauablagerungen.

Irgendwann biegen wir rechts ab, den Hang hinunter nach Bad Kösen. Ich freue mich, die historische Saline aus Reisigzweigen zu sehen, über 300 Meter lang. Doch das Kurbad mit dem klangvollen Namen wirkt trotz des mächtigen Gradierwerks und den dazugehörigen technischen Denkmalen an der Saale an diesem Mittwoch etwas träge auf mich. Ich schiebe es auf den Nieselregen. Um so erbauender empfinde ich den weiteren Wegverlauf hinter Bad Kösen, der auf einem Pfad über weichen Waldboden nach Schulpforta führt.

Die mit einer Mauer umgebene weitläufige Klosteranlage von Schulpforta ist eine Welt für sich. Herzog Moritz von Sachsen begründet 1543 den Schulbetrieb, heute ist die Landesschule Pforta Internatsgymnasium. Natürlich weiß ich, dass es nicht nur humanistische Bildungs- und Erfolgsgeschichten sind, die sich um Prominente, damalige Schüler der berühmten Klosterschule, ranken; ich kenne auch die bedrückenden Schilderungen ehemaliger Schüler, die nach Jahren des Schweigens vom gewalttätigen Internatsleben berichteten und das Ausge-

131

liefertsein an brutale Lehrer mutig offenbaren. Das mächtige, ummauerte Gebäude-Ensemble vermittelt mir, die ich mich zu Fuß über den Waldweg annähere, einmal mehr den städtebaulichen Kontrast zwischen Architektur und Umgebung. Das Besondere an Schulpforta ist die bauliche Geschlossenheit einer mittelalterlichen Klosteranlage mit gotischer Zisterzienserkirche, Kreuzgang und stattlichen Versorgungsgebäuden aus unterschiedlichen Jahrhunderten. Durch die Kontinuität der Nutzung konnte ein weitläufiger Park mit ungewöhnlich großen, prächtigen Bäumen erhalten werden. Ausladende Baumkronen faszinieren mich immer, und an diesem Sommertag wirken die Riesen besonders magisch auf mich.

Kein Mensch weit und breit. Sommerferien. Durch das Hauptportal spazieren wir in die Landesschule hinein, durch die Hintertür in der Klostermauer an der anderen Seite des Parks wieder hinaus. Der Pfad mäandert an der Kleinen Saale durch den Wald. Nur Bachmurmeln und Vogelgezwitscher.

Nicht ganz. Da vorne sitzen auf einem Baumstamm zwei gebückte Frauen. Wie Menhire ragen ihre Rucksäcke aus dem Waldboden. Echte Pilgerinnen, entfährt es mir, und ich freue mich auf eine kurze gegenseitige Würdigung. Wo kommt ihr denn her, wo geht's hin, wie war die Herberge, habt ihr Blasen undsoweiter. Die beiden jammern und lachen, sie quälen sich seit Tagen. Ja, Blasen. Endlich sprechen wir eines der beliebtesten Pilgerthemen an. Was für eine schöne Abwechslung. Blasenpflaster teilen wir gerne. Während der Verklebungen blicken sie auf unsere Füße. *Seid ihr wirklich in diesen Dingern seit 14 Tagen unterwegs?* Und wenn's regnet, und wenn's steinig wird, und wenn's bergab geht, und wenn's zu heiß wird, und wenn's zu kalt wird? So entsetzt die Mädels sind, so sehr schaudert es mich angesichts ihrer in kiloschwere Wanderschuhe eingegipsten Fußgelenke. Die bundesdeutsche, wissenschaftlich definierte Normalwanderung von 13 Kilometern können sie dennoch bewältigen. Buen Camino, weiter geht's.

132

Hinter dem Wald stoßen wir auf die Landstraße nach Naumburg und gehen durch eine Villenvorstadt Richtung Altstadt. In diesem Viertel werden wohl die Ärzte von Bad Kösen wohnen. Tatsächlich, an den schmiedeeisernen Eingangstoren lese ich außer Steuerberatern und Kanzleien wiederholt Ärztenamen.

Wir kommen so zeitig in Naumburg an, dass uns zwei Stunden für den Dom bleiben. Das doppelchörige gotische Bauwerk mit den lebensgroßen Stifterfiguren und einer der wenigen erhaltenen mittelalterlichen Chorschranken weckt meine müden Knochen wieder auf. Im Westchor stehen wir wieder, wie viele Monate zuvor für das Romanik-Buch, im Bann der zwölf ausdrucksstarken Steinfiguren. Im Kreise dieser 800 Jahre alten Stifter begegnet uns natürlich wieder Ekkehard aus der Dynastie der Meißener Markgrafen. Dieser hier ist der Sohn von Ekkehard I., ohne den es weder Naumburg noch Eckartsberga gäbe.

Nicht nur das Innere des Domes vereinigt Kunst aus vielen Jahrhunderten, erhalten sind gleichermaßen die Stiftsgebäuden des einst mächtigen Bischofssitzes oberhalb der Saale.

Dies alles bildet eines der in Deutschland selten erhaltenen mittelalterlichen Stadtzentren, das die üblichen Stadterweiterungen des 19. Jahrhunderts und die Kriege des 20. Jahrhunderts überstanden hat. Was für ein Glück, dass die Landeskirche und die Denkmalpfleger in der DDR die stattlichen Kuriengebäude bewahren konnten. So beeindruckend die sanierten Gebäude an sich schon sind, so überraschend ist es, dass unsere Herberge in einem der Höfe der Domfreiheit liegt. Am Domplatz radelt Frau Vogt herbei, empfängt uns herzlich und führt uns in die komfortable, neu eingerichtete Pilgerherberge in historischem Ambiente. Dann bestellen wir die unvermeidlichen Klöße und Rouladen vor dem Mohrencafé im Schatten des Naumburger Domes.

Ankommen in Naumburg:
der Dom von Südwesten.
16³⁰ Uhr

Eckartsberga → Naumburg

Oxfordmäßig: das Internat von
Schulpforta, Schulbetrieb seit 1543.

———

Frühstück in Naumburg.

Beweinung Christi im
Naumburger Dom.

———

Herberge im Kuriengebäude
der Domfreiheit.

Tag 16   Wenig bis gar nichts planen wir auf dem Weg, allenfalls haben wir die Hoffnung, die Tagesstrecke gut zu schaffen, und jedenfalls die gefüllten Wasserflaschen plus ein bisschen Proviant, der in der Hitze oder durch Rucksackdruck nicht matscht. Dafür lässt sich einigermaßen sorgen. Der Rest ist Überraschung, Zufall, eigene Dummheit, Glück oder ein Geschenk des Himmels.

Der Morgen beginnt mit begeistertem Schwätzen darüber, wie schön doch Naumburg ist. Die Straßen sind voller Menschen, die Cafés sind haben schon früh Tische und Stühle rausgestellt, auf dem großen Marktplatz plaudern Mütter mit Kinderwagen. Ich scherze wieder darüber, wie gut alles extra für mich *gecastet* sei, selbst die provenzalische Atmosphäre ist eingestellt. Die ganze alte Bischofsstadt erscheint mir an diesem Augustmorgen so perfekt, wie es einem ein Reisekatalog nicht vollmundiger versprechen würde.

Wir könnten heute Werbefotos für Naumburg machen, eine begeisterte Reisereportage schreiben. Oder aus baugeschichtlicher Perspektive schnoddrig sagen: Alles heile gemacht. Mehr noch: alles ganz toll gemacht. Aufwendig saniert eben, nahezu flächendeckend. Die Stadtmauer mit Stadtgraben ist wie in einem dreidimensionalen Geschichtsbuch erhalten, und der Gehweg unter einer mit dem Sommerlicht spielenden Kastanienallee auf dem Stadtwall wirkt wie in einem Bildband mit idealisierenden Fotostrecken. Eine stattliche Villa neben der anderen. Diese ganze Stadterweiterung des 19. Jahrhunderts ist noch erhalten, in Naumburg. Wie haben die das nur bewerkstelligt? Keine Bombenschäden, alle Details alt, Simse, Fensterrahmen, Türbeschläge, alles original. Ein Rausch.

Der Pilgerweg führt von der Wallanlage hinab, durch eine Siedlungsbebauung hinunter zum Uferweg parallel zur Unstrut. Toll. Uns begegnen Fahrradfahrer und joggende Anwohnerinnen. Auf der anderen Flussseite erkennt man Rebzeilen. Hier also wächst sonnenverwöhnt der Unstrut-Wein.

Die reine Feriengegend ist das hier, wir passieren einen Campingplatz, kommen durch Wiesen und eine Auenlandschaft mit Pappeln. Ich läute den Fährmann mit der Glocke herbei. Er schaukelt uns und die anderen Ausflügler gemächlich ans andere Unstrut-Ufer, wir plaudern mit der Reisegruppe, ein Trupp Lehrerinnen, freuen uns des Lebens und brauchen noch kein Eis am Ausflugslokal, weil wir ja eben erst in Naumburg gut gefrühstückt haben.

Der Schotterweg führt am Fuße der Weinberge entlang. Wir schlendern in den Weinhängen an dem berühmten originellen Steinernen Album von 1722 vorbei, einem biblischen Bilderzyklus, der aus dem anstehenden Fels gehauen wurde; was ich bislang nur von Fotos kenne, sehe ich nun zum ersten Mal aus der Nähe. Wieder toll.

Bald erkennen wir vor uns das Städtchen Freyburg an der Unstrut mit der markanten Neuenburg auf der Höhe. Tja, hier könnten wir bleiben, romanische Säulen gäbe es hier genug zu bestaunen. Ein sonniger alter Weinort, genügend Weinstuben am Unstrut-Ufer, mit einer Gedenkstätte für Turnvater Jahn, mit der Neuenburg als einem baugeschichtlichen *Must have*, das mit Sternchen auf der touristischen Karte der Straße der Romanik belohnt wird. Heute fühle ich mich *frisch, fromm, fröhlich, frei* – ich kann jetzt hier einfach nur so mal da sein, ohne zu recherchieren. Die Arbeit an einem Buch liegt lange hinter uns. Es ist fertig und vergriffen. Und so kann ich mich auf die einzigartige gotische Doppelkapelle auf der Neuenburg freuen, ohne mir Formulierungen abzuringen. Wieder toll.

Beim Aufstieg auf die Neuenburg gab es ein kurzes Zögern am Hinweisschild auf die freie gemütliche Ferienwohnung mit Panoramablick. Auch nur für eine Nacht? Hm. Der Kopf sagt nein, denn leider sind wir an Tag 16 noch nicht weit genug gekommen. Wir sollten mindestens noch einmal die gleiche Strecke schaffen, sonst wird das nichts mit Görlitz in 30 Tagen. Nach einer kurzen Apfelsaftpause auf der Burgterrasse beschließen wir: Weiter! Wir fressen jetzt mal Kilometer, weil es gerade gut läuft. Und außerdem hatten wir bisher doch viel Glück mit den Übernachtungen.

So geraten wir in einen starken, andauernden Regen und verirren uns in einem üppig grünen, völlig unübersichtlichen Renaturierungsgebiet, das ich noch als Braunkohle-Tagebau in Erinnerung hatte. Am Horizont mogeln sich die Schornsteine von Leuna in die Reihe der Windräder. Außer dem Regen gibt es nichts zu trinken, kein Mensch ist bei dem Wetter unterwegs, keine Dörfer weit und breit. Alles sieht gleich aus, die Himmelsrichtung ist bei dem Wolkenverhängnis nicht auszumachen. Stauseen fluten die ehemalige Industrielandschaft. Alles irgendwie rund, Rundwege, wie am Pfaffenkopf. Nur ist hier alles auch noch flach.

Es hilft nichts, wir gehen stoisch weiter und hoffen auf ein Schild. Frankleben steht drauf, das klingt gut – frank und frei, und so nach Leben.

Also Frankleben. Wo ist die Ortsmitte? Wo gibt's die nächste Kneipe? Nirgends. Ein handgekleckstes Schild weist zu einem Schloss, wir folgen, davor Koppeln und Pferde. Vielleicht eine Übernachtungsmöglichkeit, vielleicht sogar was zu essen? Entschlossen gehen wir durch ein repräsentatives Tor in den Schlosshof, stoßen unseren Halloruf aus – kein Mensch zu sehen. Wir gelangen in einen Renaissance-Innenhof – hoppla, sind wir in Italien, wie schick, wie seltsam? – öffnen die nächstknirschende Türe und erkennen im Halbdunkel ein Achselschlusshemd. Oh weh, Verzeihung, verwirrte Einwortsätze.

Der ältere Pilger spricht durch den Rasierschaum. Ja, es gäbe sicherlich noch Schlafplätze, es spräche wohl nichts dagegen. Gibt's was zu essen? *Wenn ihr was dabei habt.* Synchron drehen wir uns auf dem Fußballen und verlassen das Spukschloss.

Renaissance hin oder her, vermutlich sowieso alles Neo, denke ich böse. Sieht seltsam saniert aus, irgendwas passt hier nicht zusammen.

Vorbei an den reiterlosen Pferden, wieder zurück in das leblose Frankleben.

Gestern las ich in einem Pilgerblog von einem Gästehaus bei einem Verein, in der alten Poliklinik von Frankleben. Was auch immer es sei, wie müssen das finden. Denn mir ist schlecht vor Hunger, ich bin durchnässt, die Knie sind zittrig.

Dann eine Doppelerscheinung: zwei Mädchen vor uns auf der Straße, städtisch aussehend mit Löcherjeans, Schminke und Handys. Eine Poliklinik kennen sie nicht, doch im Haus schräg über uns öffnet sich ein Fensterladen, und eine Stimme erklärt den Weg.

Die Beschreibung führt uns an einfachen Wohnhauszeilen vorbei, dann ein Zahnarztpraxisschild, dann eine Hofeinfahrt. Paletten, Gestapeltes, kleine Schrottcontainer flankieren das Tor. Mengen von Kühlschränken, Heizkörpern, ein Hof voller Altmetall. Zwischen dem gesammelten Schrott schlängeln wir uns wie durch ein raffiniertes barockes Labyrinth. Hier muss es Menschen geben, denn für heute soll es gut sein. Wie weit ist innerlich das hübsche Freyburg entfernt, wie weit der Naumburger Dom. War das gestern gewesen, letzte Woche oder irgendwo in der Erinnerung?

Wieder laut *Hallo* rufend, damit wir nicht als unheimliche Eindringlinge gelten, tippeln wir auf ein Provisorium zu, hinter dessen Plastikplane wir Männer sitzen sehen. Ich öffne die Folie und stelle meine dadaistische Frage nach der Poliklinik. Ein wuscheliger kleiner Mann mit Lachfalten um die Augen winkt: *Na klar, kommt rein, hier seid ihr richtig.*

Lothar zieht uns zwischen einem Chaos aus Tassen, Tellern, Verpackungen, Messern und Lebensmittelbergen in eine Tischrunde. Ein älterer Herr steht für mich auf, ein anderer rückt für Elmar auf Seite und klopft freundlich auf einen Stuhl. Es gibt kein Zurück mehr. Jetzt ist mir alles egal. Hier sind Menschen, und sie empfangen uns freundlich.

*Blick vom erhöhten Standpunkt der Via Regia in Richtung
Bergbaufolgelandschaft um den Geiseltalsee (in Flutung).*

Naumburg → Frankleben

Auf Schloss Neuenburg.

——

Im Tal der Unstrut Richtung Freyburg
und Schloss Neuenburg.

Auf der Suche nach
einer Bleibe in Frankleben.

——

Zimmer frei im
Gästehaus des Poli e.V.
19^{19} Uhr

Naumburg → Frankleben

Tag 17 Polyacryl ist das Wort, das Elmar später für den Übernachtungsplatz bei Lothar in Frankleben gefunden hat. Unheilabwehr durch Verballhornung. Das macht er immer so. Er sucht nach einem lustig klingenden Wort, um auch den freundlichen Aspekten einer kritischen Situation gerecht zu werden.

Immerhin haben wir hier geschlafen, in einem gänzlich aus Sperrgut eingerichteten Zimmer mit zwei Betten, mit Nachtschränkchen, Stehlampe und Teppichboden. Durch eine Plastik-Ziehharmonikatür ging es in ein kleines Bad. Alles an dieser Ausstattung sah nach mühsamer Heimwerkerbastelarbeit aus. Lothar und seine Mannen haben hier in einer liquidierten Poliklinik Räume eingerichtet.

Nach vielen Geschichten über den Verkauf der Poliklinik, diverse Insolvenzen, wilde Biografien und die neue mitteldeutsche Seenplatte hat uns ein stiller Mann durch schachtartige Flure in das Pilgerzimmer geführt. Stolz hat er die Tür geöffnet und erwartungsvoll gelächelt.

Ich habe regungslos auf dem bezogenen Federbett gelegen und kein Kleidungsstück ausgezogen. Wir haben einen Stuhl vor die Tür gezogen und die Lehne mit Kissen unter die Klinke gestellt. Dafür schäme ich mich, aber der verwöhnte Stadtmensch in mir zwang mich dazu.

Armut hat viele Gesichter. Gastfreundschaft auch. Lothar ist ein Held. Er betreibt diesen Schrottplatz am Rande des niedergegangenen Ortes, am Rande des niedergehenden Braunkohlereviers. Er nimmt Menschen auf, die trinken, es in keiner Klinik aushalten, schlicht, in kein Schema passen. Niemand hat uns etwas getan. Früh sind wir am nächsten Morgen aufgestanden und fanden Lothar fröhlich pfeifend bei bester Laune mit einigen Helfern in einem großen Frühstücksraum. Ein Tisch war für uns vorbereitet mit Marmeladentöpfchen und Filterkaffee. Die Jungs dürfen in der Umgebung immer *einklaufen*, wie Lothar es ausdrückt. Es gibt Mengen von Lebensmitteln mit

146

abgelaufenem Mindesthaltbarkeitsdatum, die sich der Verein *Poli e.V.* bei den Supermärkten abholen darf, um die Zeitspanne bis zum Haltbarkeitsmaximum nicht zu vergeuden.

Wie alte Freunde verabschiedet uns Lothar, klopft uns auf die Schulter und wünscht uns einen guten Weg. Das fühlt sich an wie der Pilgersegen; jedes Herbergselternteil hat seinen eigenen Stil dafür.

Vielleicht sehen wir uns nochmal, meint er, denn er und die Jungs haben heute wieder Arbeit in Merseburg – Wohnungsauflösung. Ganz bestimmt sehen wir dich nicht mehr, denke ich. Nichts wie weg aus dieser traurigen, echten Welt der vom Wohlstand Abgeschnittenen, denen Lothar in der alten Ambulanzklinik einen stationären Aufenthalt ermöglicht. Wirklich ein Held.

Schweigend und demütig steigen wir wieder in die Fußstapfen der großen und kleinen Leute, die hier vor Jahrhunderten unterwegs waren.

Kaum sieben Kilometer sind es bis Merseburg, lese ich auf dem Ortsschild. Doch genau diese sieben Kilometer, keine zwei Stunden, hätte ich gestern Abend um keinen Preis mehr zu Fuß geschafft. Noch Monate nach dem Aufenthalt bei Polyacryl erinnere ich mich intensiv an jedes Detail. Lothar, den belesenen wie beschlagenen Kampfsportler mit sendereifem Witz und mitreißender Euphorie würde ich unter tausend Leuten schon von Weitem wiedererkennen.

Wir folgen der Straße vorbei an sanierten, farbigen Siedlungshäusern und frisch angelegten Grünzonen. Man ahnt, wie trist es in der Bergmannssiedlung ausgesehen haben mag, bevor die Mietszeilen in Dämmplatten gepackt wurden. Diejenigen, die nirgends mehr ein Bein auf den Boden kriegen, landen, wenn sie großes Glück haben, bei Lothar.

Werbetexte im öffentlichen Raum: *Hier Wohnen wir gern. Endlich'n Fläschchen für alle! Highspeed-Internet gibt's bei uns. Jeden Donnerstag Thüringer Mett. Für Dich, Deutschland, Deine*

147

Bonuskarte. Fensterträume, Meisterbetrieb für Raumausstattung.

Was für ein Kontrast zur Altstadt von Merseburg. Um das Schloss und den Dom gruppieren sich stattliche Kuriengebäude, die an das Naumburger Ensemble erinnern und gleichermaßen feinsinnig, kenntnisreich und dezent saniert sind. Der Merseburger Dom mit seiner spektakulären mittelalterlichen Ausstattung und den textilen Handarbeiten, Handschriften, Skulpturen und Bildern im Dommuseum zählt zu den wertvollen Kulturdenkmalen des Mittelalters.

Vom Domberg geht es hinunter an die Saale. Eine Brücke führt auf die Neustädter Seite. Die Empore in der Neumarktkirche hätte auch unsere Pilgerherberge sein können. Wir hätten wie Pilger vergangener Jahrhunderte standesgemäß auf der Empore schlafen können, doch im Rückblick bin ich froh, dass ich Lothar mit seiner eigenen Art von Gastfreundlichkeit begegnet bin.

Ein freundlicher Kirchenwächter erkennt uns als Zielgruppe und holt Luft für alle Details der Baugeschichte. *Die Knotensäule,* kürze ich ab. Ich verschweige ihm, dass wir schon öfter hier waren und unter anderen Umständen gerne mit ihm stundenlang über das ausgegrabene und tiefer liegende Bodenniveau fachsimpeln würden. Aber wir wollen weiter und folgen der schnurgeraden, frisch geteerten Ausfallstraße in Richtung Leipzig.

Die nächsten rund 20 Kilometer gehen wir durch die Auenlandschaft der Luppe. Ab und an trifft man Spaziergänger mit Hunden, einen hüpfenden Jogger oder einen Heimradler. Im Unterschied zum gestrigen Dauerregen ist es heute bloß bewölkt, wieder perfektes Gehwetter, über das ich froh bin und ein leichtes Ziehen im linken Schienbein nicht weiter beachte. Unterwegs zwickt es immer mal irgendwo, mal zieht's im Kreuz, mal hat man einen Dickschädel, mal kratzt's im Hals und es verschlägt einem die Sprache. Das sind alles ganz normale Symptome auf dem Fußweg. Doch irgendwie geht's immer weiter, man geht halt langsamer, legt mehr Pausen ein, kommt ins nächste Dorf, und stellt irgendwann fest, dass die Symptome längst verschwunden sind.

Plötzlich hupt und winkt es vor uns auf der Straße. Lothar mit seinem Trupp. Sie müssen auf dem Rückweg vom Einklaufen oder Entrümpeln sein. Auch darin hatte er recht, *Vielleicht sehen wir uns noch mal.*

Gegen Abend erreichen wir die kleine Rittergutskirche in Kleinliebenau. Am Dorfeingang kommt uns eine junge Frau mit Rucksack entgegen. Sie sucht genauso wie wir die Adresse, bei der man sich den Schlüssel zur Kirche abholt. Franziska kommt aus Mannheim, ist Studentin, und ist heute früh in Leipzig aufgebrochen. Es ist das erste Mal, dass sie pilgert, und wir sind die ersten, die sie in der Fremde kennenlernt.

Ob wir Hunger haben, fragt die Schlüsselbringerin, während wir uns zwischen eng zusammenstehenden Emporen von der Wirkung des Kirchenraumes verzaubern lassen. Haben wir zwar, aber wir wissen, dass es in Kleinliebenau nichts gibt. Kurzerhand verschwindet sie hinter dem barocken Kanzelaltar und taucht mit mehreren Suppendosen wieder auf. Ein Wunder! Für einen Euro pro Büchse nehmen wir gerne noch eine dazu. Und kalte Biere holt sie auch noch hinter dem Altar hervor.

Nacheinander besuchen wir die Dusche im Erdgeschoss des Treppenturms, erhitzen die Suppe auf einem Zweiplattenherd und decken den Tisch im urgemütlichen Raum. Wir bemühen uns redlich, Franziska kein Alte-Hasen-Pilgerfachgespräch aufzudrängen. Erst als sie ihre Bedenken und Ängste schildert, ob und wie sie wohl die nächsten Übernachtungsmöglichkeiten finden würde, gießen wir einen veritablen Informationsschwall über ihr aus. Dem zarten Wesen empfehlen wir zum Schlafen die Neumarktkirche in Merseburg mit dem erfahrenen Pilgerbetreuer.

Pilgerbewusstsein
zwischen Zöschen und Zweimen.

Frankleben → Kleinliebenau

Jonas im Chorgestühl des
Merseburger Doms.

———

Unter der Autobahn A9 kurz
vor Kleinliebenau.

Mit 100 Mbit/s durch Beuna.

———

Herberge in der Rittergutskirche
Kleinliebenau. 17⁵⁷ Uhr

Frankleben → Kleinliebenau

Tag 18   Neben mir liegt ein voller Aktenordner mit Fotos, Briefen und Zeitungsberichten von der abenteuerlichen Sicherung, Sanierung und Rekultivierung der Rittergutskirche, in deren Turm wir zu dritt auf Matratzen geschlafen haben. Ein Religionslehrer aus Leipzig kaufte die verwaiste Kirche – mit Feuchtigkeit im Turm und einem Dach, durch das es reinregnete – für einen symbolischen Euro, um sie in unzähligen privaten Arbeitsstunden gemeinsam mit anderen Enthusiasten des *Kultur- und Pilgervereins Kleinliebenau* wieder aufzubauen. Viele Helfer und Spender aus dem ganzen Land erreichten, dass die vollständig erhaltene, aber marode Ausstattung von 1787 samt Kanzelaltar und hölzernen Emporen restauriert und das kleine Gotteshaus als Kultur- und Pilgerkirche mit regelmäßigem Kunst- und Musikprogramm eingerichtet wurde.

Da es in Kleinliebenau keine Bäckerei gibt, brechen wir früh auf. Franziska geht nach Merseburg, wir nach Leipzig. Heute und morgen haben wir kurze Etappen – 16 und 9 Kilometer – geplant, um etwas mehr Zeit in Leipzig zu verbringen.

Ein Hinweisschild nach kaum zwei Kilometern nehmen wir ernst und pausieren in der Waldgaststätte; das große Gartenlokal mit Volieren und Goldfasanen öffnet just in diesem Moment. Die studentischen Aushilfen wischen gerade über die Gartenstühle und servieren uns ein üppiges, hübsch dekoriertes Frühstück im Biergarten.

Urlaub, Ferien, Freiheit! Und wir werden heute schon in Leipzig sein, der größten Stadt auf unserer Reise. Ob ich den Stadtlärm mit Autoverkehr auf breiten Straßen und Menschengewirr wohl aushalten werde – nach so viel Stille, nach 18 Tagen im Gehtempo und mit nur wenigen Begegnungen?

Wir werden sehen. Jetzt erst mal ordentlich frühstücken.

Hinter einem Wäldchen erreichen wir die Neue Luppe, die Deiche führen in glatten Bögen nach Leipzig. Ein holländisches Urlaubspaar fühlt sich sichtlich wohl. Auf dem neuen Weg kommen wir gut voran, man schafft locker mehr als fünf Kilometer pro Stunde. Nur ab und zu merke ich das Ziehen im linken Schienbein. Vielleicht ein Insektenstich oder so. Selbst nach tausend Kilometern in meinen Schläppchen hatte ich auf dem Weg über die Alpen oder den Appennin nie geschwollene Füße. Schon mal eine harmlose Blase am Zeh, aber von den vielen Quälgeschichten, die man unterwegs hört, bin ich bisher immer verschont geblieben.

Wir kommen durch den Leipziger Lunapark am Auensee, der am Samstagmorgen schon gut besucht ist – und wo es natürlich ein Eis gibt. Eine historische Pioniereisenbahn gehört seit den Fünfzigerjahren zum Leipziger Freizeitprogramm, und Familien mit Kindern winken heiter aus dem Liliput-Zug.

So kurz vor Leipzig geht mir durch den Kopf, dass wir nun die alte Via Regia zwischen den mittelalterlichen Messestädten Frankfurt und Leipzig in 18 Tagen zu Fuß gegangen sind. Das mag heutzutage etwas ungewöhnlich sein, doch über etliche Generationen hinweg ein ganz normaler Weg. In ähnlichem Tempo geht vor uns am Lunapark ein Paar mit einem Esel spazieren, der an der Leine geführt wird wie ein Hund.

Durchs Grüne kommen wir bis in Leipzigs Stadtmitte, fast bis zum Hauptbahnhof. Wir fragen uns zum Backpacker durch. Dort soll es, wie ich mit großen Augen gelesen habe, sogar eine Waschmaschine geben. Ein verführerisches Ziel. Die Vorstellung, alle Klamotten mal zeitgemäß in der Maschine waschen und heiß durchtrocknen zu lassen, ist schon schön.

Wir sind in Leipzig, in der alten Messe-, Buchdrucker-, Musik- und Universitätsstadt, in der Stadt der Montagsdemonstrationen, der *Friedlichen Revolution*.

Wir schauen bei Johann Sebastian Bach in der Thomaskirche vorbei, wir sitzen in der grün-rosa-weißen Palmenhalle der Nikolaikirche, wir essen im Café Kandler Kuchen, schlendern durch Mädlers Passage, gehen an sanierten Zeilenbauten der Dresdner Straße und leerstehenden Altbauten vorbei, machen

155

Pause auf dem Naschmarkt, verbringen Zeit in der Ausstellung *Deutsche Mythen seit 1945*.

Durch asphaltierte Straßen einer Stadt wie Leipzig zu gehen, ist eine völlig andere Bewegung als das Langstreckengehen der letzten Wochen. Nach einiger Zeit des Schlenderns und Schauens, des Fassadendetail-Bestaunens und Infotafeln-Lesens, fühle ich mich leer, unkonzentriert und erschöpft. Ich werde von schier unendlich farbigen, viel zu lauten Reizen und hektischen Bewegungen der vielen Menschen auf den Plätzen, vor den Reihen der Schaufenster voller Dinge, den prachtvoll sanierten Kirchen und den Straßencafés mit Stimmengewirr überrollt. Reizüberflutung. Alles viel zu viel, obwohl ich Leipzig doch aus der Erinnerung kenne und mich in der Stadt zurecht finde. Doch heute ist das alles zu viel Reichtum, zu viel Geschichte, zu viele bedeutende Persönlichkeiten, zu viel Schönheit, zu viel Straßenmusik, zu schnelle Bildabfolgen, zu rasch wechselnde Eindrücke.

Die alte Messe- und Buchstadt entfaltet sich einem Flaneur wie ein dreidimensionales Geschichtsbuch. Kaum wechselt man die Seite, öffnet sich ein neuer Raum: ein Marktplatz, ein Brunnenplatz, ein Denkmalplatz, ein Plätzchen mit Bänken, ein neuer Platz.

Ich muss jetzt gut auf mich aufpassen, damit ich nicht auf alle wundersamen Eindrücke reagiere. Ich kenne das aus dem Alltag in der Stadt, von Messen, Ausstellungen, Einkaufsbummeln. Mein Kreislauf ist zur Zeit anders eingestellt, das System will hochfahren, doch bei allzu gemächlichem Schritt führen die kleinteiligen Reize der Großstadt dazu, dass mir die Drähte durchbrennen.

Wohin so schnell fliehen aus dem Getümmel der Fußgängerzone? Das geöffnete Portal der Nikolaikirche macht ein Angebot. Ein Glück, wir eilen zum zweiten Mal in den pastellfarbenen Dreiklang. Die gotischen Säulen wurden im 18. Jahrhundert klassizistisch umgestaltet. Wie nirgends sonst scheinen sie

Palmen ähnlich emporzuwachsen, um mit grünen Wedeln das Gewölbe zu tragen. Überwältigende Stille. Ich komme langsam wieder zu mir. Welch eine Errungenschaft, dass ein Raum wie dieser einfach offen steht. Jeder kann mit Shoppingtüten in die Kirche gehen, hinein stolpern, schlurfen, bummeln, hasten, oder wie wir, in die Stille fallen.

Erst jetzt, in diesem gedämpften Raum, fällt mir auf, in den vergangenen 17 Tagen keine Musik gehört zu haben, jedenfalls nicht bewusst. Kein Radio gehört, kein Fernsehen, nichts. Die meisten Stunden des Tages waren wir von natürlichen Frequenzen umgeben, von Wind, Blätterrauschen und Vogelgezwitscher, nur selten hatten wir maschinelles Summen oder Brummen, noch seltener hat uns urbane Phonetik berauscht.

Ich frage mich, in welcher Atmosphäre ich in dieser heiligen Halle geatmet hätte, als sie im Herbst 1989 bei den Montagsdemonstrationen bis auf den letzten Stehplatz gefüllt war. Seit den Achtzigerjahren zog sie immer mehr Menschen an, als nur noch Beten half, als Zufluchtsort, als Schutzraum, in dem die mutigen demonstrierenden Leipziger hofften, unter Gleichgesinnten zu sein. Ganz Mutige stellten 1982 in diesem Raum sogar eine Tafel auf: das Signet *Schwerter zu Pflugscharen*, nachdem kurz zuvor Aufnäher mit diesem Symbol verboten worden waren.

1723 wurde hier Johann Sebastian Bach als Thomaskantor eingeführt, hier fanden viele Uraufführungen seiner Oratorien, Kantaten und Passionen statt. Eine ehrenamtliche Dame drückt uns ein Konzertprogramm in die Hand und lädt uns ein, noch sitzen zu bleiben.

157

Blick vom Weisheitszahn über Leipzig nach Westen,
Propsteikirche St. Trinitatis von 2015 (ganz links),
Neues Rathaus von 1905 (links), gotische Thomaskirche (rechts),
Stadion von 2004 (rechts hinten).

Kleinliebenau → Leipzig

Der Weisheitszahn oder auch Steile Zahn Leipzigs:
1972 das höchste Hochhaus Deutschlands, Universitäts-
gebäude nach Entwurf von Hermann Henselmann.

———

Nikolaikirche, Palmenkapitell
nach dem klassizistischen Umbau von 1797.

Propsteikirche St. Trinitatis
am Martin-Luther-Ring, von Schulz
und Schulz Architekten, 2015.

———

Mantelmode mit
Panzerhaubendekoration.

Kleinliebenau → Leipzig

Tag 19 Leipzig. Aufgewacht im ersten Stock des Doppelbettes, lange geduscht – obwohl ich das entsprechend ausgiebig schon in den bisherigen Orten hätte tun können –, reichlich gefrühstückt im Straßencafé. Offenbar soll sich eine große Pause auch so anfühlen wie eine.

Ich bin erleichtert, im Großstadtgetriebe nicht als Sonderling aufzufallen, mich mit frisch gewaschenen und getrockneten Klamotten unauffällig unter die fremden Menschen zu mischen. In der Großstadt interessiert die wenigsten, wie du rumläufst, zumal im Sommer. Geschäfte, Straßencafés, Kaufhäuser. In einem Geschäft gibt es neue Fünf-Zehen-Socken für mich, und im Buchkaufhaus hat man uns die neue Wanderkarte zurückgelegt. Ab jetzt geht es mit der Karte Görlitz–Leipzig weiter. Leipzig–Vacha wird eingetütet und zusammen mit der verdauten Hälfte der Büchleins *Der Ökumenische Pilgerweg* ins Postamt gebracht und heimgeschickt. Immerhin wiegt das kleine Buch mit den unverzichtbaren Adressen der Pilgerherbergen 250 Gramm, was einer halben Wasserflaschenfüllung entspricht. Mit 125 Gramm weniger läuft es sich leichter.

Alles so groß hier! Die Häuser so hoch, die Straßen so voll. Ich muss auf mich aufpassen. So viele Bewegungen in den Augenwinkeln, ständige Bildwechsel, so viele schnell gehende Menschen um mich herum, reflektierende Schaufenster, so viele Geräusche, Straßenmusik, Stimmengewirr, Schrifttafeln. Was ist wichtig, was unwichtig. Mein Filtersystem versagt. Mir wird übel. Gleich tut mir das Kreuz weh.

Irgendwie muss ich wieder aus dem geschäftigen Straßengetümmel raus. Da hilft Henselmanns Uni-Hochhaus. Wir fahren mit dem Aufzug für 3 Euro in den 26. Stock. Schön weit weg von den Straßen. Wir gehen am Panoramarestaurant vorbei, nochmal ein Stockwerk höher auf die Dachterrasse – da gibt es Eis –, und haben einen grandiosen Blick über ganz Leipzig mit dem Stadtwald, entdecken in der Innenstadt alle bekannten Baudenkmale, weiter hinten in der Sonne das Völkerschlachtdenkmal, erahnen in der Ferne die Braunkohlegegend und lokalisieren Merseburg, eingeklammert zwischen die Industrietürme von Leuna und Schkopau.

Als ein junges Pärchen uns bittet, sie zu fotografieren, verselbständigt sich wieder die Plaudertasche in mir. Ich kann es nicht lassen und höre mich sagen: *Wir kommen aus Frankfurt. Am Main. Aha, nett, wir kommen aus Erfurt.* Ich lege nach: *Wir kommen zu Fuß.* Die Falle schnappt zu. *Wie?! Zu Fuß von Frankfurt nach Leipzig? Das geht? Sieht man euch gar nicht an, ihr seht ganz normal aus.* Na bitte.

Das wollte ich hören. Im Aufzugsspiegel zwinkere ich meinem etwas unfrisierten, etwas gebräunten Gesicht mit etwas müden Augenrändern und etwas ausgeblichenen Haaren zu. Die Augenbrauen sind durchaus etwas buschig geworden, der Lippenstift erfüllt seine Aufgabe, abzulenken, nicht so ganz. Ja, Lippenstift muss sein auf dem Fußweg. Wiegt keine zehn Gamm. Es braucht ja kein voller zu sein. Ein kleines kultiviertes Signal sozusagen. Kein Gruß aus der Küche, aber zumindest ein Symbol für Zivilisation. Ansonsten sehe ich aus wie immer, finde ich. Schöngeredet.

Am Sonntagnachmittag wird es Zeit, die im Backpacker deponierten Klamotten zu holen und die neun langsamen Kilometer anzutreten. Wir sind telefonisch zur Übernachtung beim evangelischen Pfarrer im Leipziger Osten angemeldet. Der Ort heißt Sommerfeld, ein Ortsteil von Engelsdorf. Beides klingt einladend.

Weder mit der Straßenbahn noch mit dem Auto begreife ich es so deutlich wie beim Gehen: dieses Ausfransen einer Großstadt zum Stadtrand hin, oder dieses knirschende Ineinanderrasten von Stadt, Rand, Feld, alles wie von unsichtbaren Fäden täglicher Hin- und Her-Bewegung zusammengehalten.

Die sanierten farbigen Straßenzüge der Leipziger Innenstadt werden seltener, der Wohnungsleerstand wird sichtbarer – so kenne ich Leipzigs Altbau-Fassaden aus DDR-Zeiten.

163

Ungestört von diesem zufälligen Eindruck wächst Sachsens größte Stadt in den letzten Jahren so schnell wie keine andere Metropole in Deutschland. Viele der von langem Leerstand mürbe gewordenen Industrieanlagen und Gründerzeitviertel Leipzigs haben seit 1989 die Kreativen in die Universitätsstadt gezogen. Eine ganze Palette von Künstlern, Designern, Architekten, Typografen, Games-Programmierern, haben in ehemaligen Fabrikhallen Ateliers, Werkstätten und Lofts eingerichtet, Innenhöfe begrünt und die Kreativwirtschaft unterfüttert. Und das Rätsel der Premiumprimaten (wir) wird hier erforscht unter strenger Beobachtung derer, die uns am dichtesten auf den Fersen sind (Menschenaffen), am Max-Planck-Institut für evolutionäre Anthropologie.

Nachdem Leipzig, die älteste Messestadt Europas, bereits seit dem 12. Jahrhundert als Messestandort und Drehscheibe für den Handel von Luxusgütern wie Pelzen, Seiden, Edelsteinen, wuchs, wurde in der prosperierenden Unternehmerstadt schon 1409 eine Universität gegründet, der weitere Ausbildungsstätten folgten, etwa für Kaufleute, Tuchmacher, Handwerker, Musiker und Buchdrucker. Wo Kaufleute aus der halben Welt interagieren, wo Verträge geschlossen, Bücher gedruckt und verlegt werden, entsteht eine Schaukelwirkung aus Finanzkraft, Bildung, Kunst, Musik und Literatur. Vor diesem Hintergrund konnte Leipzig bald nach Gutenbergs Erfindungen, mit denen er um 1450 in Mainz erstmals in Europa den seriellen Buchdruck mit beweglichen Lettern entwickelte, zur Stadt der Drucker und Verlage schlechthin aufsteigen. Große Verlagshäuser wie Brockhaus, Reclam, E. A. Seemann, Baedeker, Insel, Kiepenheuer oder Thieme verliehen der Leipziger Buchmesse, die seit dem 17. Jahrhundert unumgänglich war, weltweiten Ruf. Als Frankfurter beugen wir das Knie: *Wir* konnten uns nur deshalb zum heute wichtigsten Buchmessen-Standort mausern, weil die halbe Welt durch die Mauer jahrzehntelang von der Bücherstadt Leipzig abgeschnitten war.

Auch auf der *Denkmal*, der alljährlichen Leitmesse für Denkmalpflege, Restaurierung und Altbausanierung, stecken Fachleute, Wissenschaftler, Restauratoren, Handwerker und Künstler die Köpfe zusammen. So sollte es uns auf dem Weg nach Sommerfeld nicht wundern, dass uns hier ein Handwerksgeselle *auf der Walz* entgegenkommt. Nach kurzem Plausch hatten wir von ihm einiges über seine Art des Gehens ohne Geld erfahren. Wir wünschen ihm scherzend *Buen Camino*, er lüftet seinen breitkrämpigen schwarzen Hut mit dem Gruß: *Fixe Tippelei*. Daniel gehört zu einem exklusiven Kreis von Individualisten, den vielleicht 600 Gesellen in Deutschland, die die Freiheit lieben und sich selbst vertrauen. Womöglich ist die Walz eine alles andere als folkloristische Weiterbildungsform; klingt eher nach ganzheitlich effizienter Qualifikation.

Nach Industriebrachen, Reifenhändlern, Tankstellen und undefinierten Zonen kommen wir in das Angerdorf Sommerfeld. Mitten auf dem großzügigen, langgestreckten Dorfplatz steht die Kirche. Wir klingeln beim Pfarrer, der uns in einem Garten hinter hohem Tor freundlich empfängt. Er scheint innerlich den Kopf zu schütteln über diese Pilgerei, diesen mittelalterlichen Knochentourismus. Da sitzen sie schon draußen am Tisch, zwei weitere Pilger, die aus der Gegenrichtung kommen (das heißt, in Richtung Santiago de Compostela gehen).

Gemeinsam mit einer Frau und einem jungen Studenten teilen wir am Abend das, was jeder zu essen dabei hat. Wir tauschen Adressen von Herbergen und Tipps aus und reden über Schuhe, regenfeste Hoodies und ultraleichte Isomatten mit Längs- oder Querkammern.

Zu viert schlafen wir in dem geräumigen Matratzenlager, das für mindestens 25 Pilger unter dem lang gestreckten Dach eingerichtet ist. Am nächsten Morgen will jeder von uns zeitig los, da es hier keinen Bäcker gibt.

165

Großtafelbauweise: international üblicher Ansatz
zur Lösung von Wohnungsproblemen
in der zweiten Hälfte des 20. Jahrhunderts.

Leipzig → Sommerfeld

*Fensteröffnungen mit
gestanzter Lochwirkung durch
mächtige Wärmedämmung.*

———

*Herberge in Sommerfeld.
18³⁴ Uhr*

Unter dem Dach der Herberge.

———

Fassaden: nachher, vorher.

Leipzig → Sommerfeld

Tag 20 Leise schließen wir das große Metalltor und sind wieder *on the road*. Auf geht's, von Sommerfeld nach Wurzen, nur 22 Kilometer, aber das erste Ziel ist irgend etwas zu essen. Wir kommen an Tankstellen vorbei, durch ein Dorf, über Felder, in ein Gewerbegebiet. Dort gibt es einen Supermarkt mit Café. Toll.

Wir richten uns gemütlich zwischen Plastikpalmen auf roten Kunstlederpolstern ein, sitzen also an einem Montagmorgen um 7 Uhr in einem Gewerbegebiet in Sachsen und finden, dass es uns nicht besser gehen könnte.

Eine Dame und ein Herr in adretter Geschäftskleidung setzen sich an den Nachbartisch. So früh sind sie schon so gut zurechtgemacht. Heimlich bestaune ich ihr Make-up, die gefönte Frisur, sein rasiertes Gesicht und den Krawattenknoten.

Nachdem sie den Kundenplan für diesen Tag zielführend besprochen haben, bleibt ihnen noch Zeit, den Kaffee auszutrinken. Zeit für uns, ihnen bestes Live-Frühstücksfernsehen zu bieten. Bereitwillig beantworten wir ihre Fragen nach den wesentlichen Dingen des Lebens, nach Zahnbürste, Fön, Bügeleisen. Sie kommen aus Wurzen, unserem heutigen Etappenziel. Wir drehen in einer Weise auf, die ich in meinem sesshaften Leben nicht von mir kenne, geben die Freaks in den Barfußschuhen, die mit kleinen Rucksäcken zu Fuß nach Polen unterwegs sind. Ich finde es interessant zu erleben, wie viel Fassungslosigkeit ich allein durch das Gehen in meinen Sondersohlen auszulösen in der Lage bin. Für mich sind die neonfarbenen Zehenschuhe, die Damenfüßen etwas Pfotenhaftes verleihen, längst Alltag. Naja, sie wissen ja auch nicht, wie ich im echten Leben aussehe, wenn ich an einem Werktag im Supermarkt in der Schlange stehe.

Die Verkäuferin hinter der Kuchentheke hört interessiert zu und notiert sich den Titel des Ökumenischen Pilgerwegs.

Der Weg von Engelsdorf nach Wurzen geht sich wunderbar, vorbei an Feldern mit Wiesen, Wiesen mit Kühen, Kühen mit

Flecken, ab und zu ein hübsches Dorf, dann wieder Landschaft. Ein freundliches Pensionärspaar, das uns auf dem Spaziergang in Machern anspricht, erzählt uns einiges über den hiesigen Landschaftspark mit romantischer Kunstruine und dem Stasibunker ganz in der Nähe.

Von Wurzen sind zuerst die Türme der Krietschmühle zu sehen. Man könnte sie für neobarocke Schlosstürme halten. Die Anlage zur Produktion von Dauerbackwaren stammt aus den Zwanzigerjahren. Natürlich zieht es uns am Ortseingang in den Keks-Outlet, um zu erfahren, welche Marken alle zusammengehören. Wir kaufen nur eine kleine Tüte Keksbruch, die für uns sicherste Darreichungsform.

Heute übernachten wir bei der *Kräuterfee*. Die enthusiastische Bioladenbetreiberin wurde uns von den beiden fußkranken Pilgerinnen im Wald hinter Schulpforta empfohlen.

Sie hatten recht, der kleine Laden ist vollgestopft mit einem unglaublichen Sortiment an allem, was die Naturkost- und -kosmetikbranche anbietet. Noch nie habe ich auf so kleinem Raum so viele Produkte gesehen, und ich frage mich, woher hier in der Hauptstadt der Prinzenrolle die Kundschaft für so viel Gesundes kommt.

Die erlebe ich dann am Abend auf der kleinen Terrasse an der Rückseite des Naturkostladens. Die Bioaktivistin hält einen Vortrag über Chrom in der Ernährung. Und etwa 13 Frauen und ein Mann aus der näheren Umgebung sitzen aufmerksam in der Runde. Zwischen diversen Pröbchen frisch zubereiteter Säfte und Speisen, die sie zur Bebilderung der Ernährungserkenntnisse in die Runde gibt, höre ich aus den Kommentaren der Kundinnen große Bewunderung für das soziale Engagement der Kräuterfee heraus.

Christine Müller hat im rückwärtigen Raum ihres Bioladens eine Pilgerwohnung eingerichtet, wo ich zum ersten Mal auf diesem Weg durch Deutschland der ganze Fülle von Pilgerandenken, Postkarten und lebensweisen Sprüchen begegne.

171

Dieses ganze Netz von ehrenamtlich geführten Pilgerunterkünften funktioniert nur, indem jeder, der davon profitiert, einige wichtige ungeschriebene Regeln einhält. Es ist ein ungeschriebenes Gesetz, dass niemand nur nimmt und nichts gibt. Das System ist kreisförmig, es geht um die Wertschätzung der Gastfreundschaft. Freiwillige Spenden oder ein symbolischer Preis bilden die Basis für das Netz aus sicheren, sauberen, einfachen Unterkünften. Niemand kontrolliert die Höhe der Spende, manche empfehlen aufgrund schlechter Erfahrungen eine Mindestspende, die mit acht oder zehn Euro lächerlich gering für eine Übernachtung ist. Das moderne Pilgerwesen gründet auf Vertrauen. Die Herbergseltern vertrauen darauf, dass sich der Gast angemessen und dezent benimmt. Der Pilger vertraut darauf, einen sicheren Ort für eine Nacht zu finden. Ansprüche zu stellen ist tabu. Es ist selbstverständlich, jede Unterkunft so sauber und aufgeräumt wie möglich zu verlassen, keine Spuren zu hinterlassen, die andere beseitigen müssten. Denn es kommt keine Reinigungsfirma. Alles wird ehrenamtlich unterhalten und gepflegt. Daher ist es eine Ehrensache, dass die Spende so ausfällt, dass man sich gut dabei fühlt.

Außerdem ist es üblich, dass man sich in das in jeder Herberge ausliegende Pilgerbuch einträgt, dort eine Nachricht hinterlässt, gegebenenfalls Tipps gibt und sich für die gewährte Gastfreundschaft bedankt. Die respektvollen Begegnungen, der Austausch, das Kennenlernen des vermeintlich Fremden – das ist die eigentliche Währung. Niemand braucht etwas von sich preiszugeben, doch es gehört zum guten Ton, zumindest seinen Vornamen zu nennen. Der Weg existiert dadurch, dass er gegangen wird, und er lebt von den Geschichten derer, die unterwegs sind. Die Menschen selbst machen den alten Weg wieder zu einem tatsächlichen Weg in der Gegenwart. Nur wenn alle Reisenden dieses System aus Geben uns Nehmen kennen und verstehen, kann es auch in einem industrialisierten Land wie Deutschland mit Haustüren, die in der Regel für Fremde verschlossen sind, Pilgerwege mit Herbergen auf diese unglaublich unkomplizierte Art geben.

Das musste mal gesagt sein. Denn immer wieder habe ich in den Gästebüchern der Unterkünfte unhöfliche Beschwerden gelesen. Mal war einem Gast der Boden zu staubig, mal beklagte jemand, dass es keine Dusche gäbe, mal mokierte sich jemand über das Fehlen eines Föns. Eintragungen wie diese provozieren mich zu einem saftigen Kommentar, nicht, weil ich jemanden belehren will, sondern weil es mich bedrückt, wenn jemand auf offene Arme mit Ansprüchen reagiert. Der Ökumenische Pilgerweg ist ein junges, empfindliches Pflänzchen, das wachsen und sich auf andere Kulturwege Europas ausdehnen könnte. Die Basis bildet ein Vertrauensverhältnis zwischen Gast und Gastgeber. Nur dort, auf den sogenannten Pilgerwegen, kann man Gastfreundschaft auf Spendenbasis erleben. Wer das kritisiert, gefährdet nicht nur die materielle Grundlage, sondern erschüttert ein zutiefst menschliches Projekt in seinen Grundfesten. Leute, ihr braucht hier nicht zu übernachten, ihr könnt auch ins Hotel gehen. Eine Pilgerherberge ist kein Hotel.

Türme des Doms zu Wurzen und Türme der
Wurzener Kunstmühlen und Biscuitfabriken vorm. F. Krietsch.

Sommerfeld → Wurzen

Buen Camino.

———

Wurzen, Dom und Schloss.

Authentischer spanischer Herbergsstil:
Infowand bei der Kräuterfee in Wurzen.
16²¹ Uhr

———

Bronzekanzel im Dom zu Wurzen
von Georg Wrba, 1932.

Sommerfeld → Wurzen

Tag 21 Am Dienstag gehen wir von der *Kräuterfee* in Wurzen nach Dahlen. Dahlen, ich gebe es zu: nie gehört. Das Wetter bleibt trocken, der Himmel ist blau, wir gehen etwa 20 Kilometer über sächsisches Land, über große landwirtschaftliche Nutzflächen. Zum ersten Mal auf der Via Regia finden wir nur wenige Stellen, an denen man sich freiwillig und gerne zu einer Pause niederlässt.

Wir geraten auf einen Moto-Cross-Hügel, in dessen zerfurchten Hügeln wir uns verlaufen und mehr als nur ein bisschen fürchten. Auf dem Gipfel weht, wie zur Probe allen Unbilden ausgesetzt, Schwarzrotgold, die Webfäden haben sich an der Breitseite bereits arg verselbständigt.

Wir kommen durch einen Ort mit Namen Schwarzer Kater, der keine Kneipe hat, wir springen immer mal wieder in den Graben, weil die schlingernden Sattelschlepper breiter sind als ihre Fahrbahn, wir zucken vor Autos zurück, die konsequent die Spur halten. Wir riechen die Schweinemast, sehen Mais aus Energiepflanzenanbau und machen schließlich eine Pause an einem Verteilerkreisel. Während wir die Wurstebrötchen zerkauen, schließen wir Wetten ab, welcher der nächsten Traktoren nach Großböhla, Kleinböhla oder Neuböhla abbiegt.

Ziemliche Tristesse, die ganze zurecht gerechnete Landwirtschaft. Umso erstaunlicher, wie hübsch, großzügig und leicht mediterran unsere wohlklingende Unterkunft, die Linden-Pension, in einem stattlichen Dreiseithof eingerichtet ist. Von dort spazieren wir über den sanierten Marktplatz in Dahlen zu einem Italiener, der ein Inder ist. Wir sind die einzigen Gäste, und klar, wir können auch indisches Essen bekommen, wenn wir keine Pizza wollen.

Dem freundlichen Gastwirt geht es gut. Er backt seit 20 Jahren in Dahlen Pizza und lebt von der Auslieferung der telefonischen Bestellungen. Am Wochenende beschäftigt er drei Fahrer gleichzeitig. Er lacht und erklärt es uns. Die Leute gehen hier nicht essen, sondern wollen ihre Pizza zu Hause vor der

Glotze verspeisen. Wir setzen uns raus auf die Restaurantterrasse und haben den ganzen Marktplatz für uns. Ab und zu hält ein Auto mit heftigem Bässeklopfen, der Fahrer springt raus, holt sich einen Stapel Pizzaboxen und rauscht davon. Stille.

Nach dem indischen Dal Makhani mit Chai spazieren wir über den neu gestalteten, doch am Samstagabend menschenleeren Marktplatz. Das auffallend stattliche Rathaus ist ein Hinweis darauf, dass Dahlen mit fast 5000 Einwohnern keineswegs ein Dorf, sondern bereits eine kleine Kleinstadt mit neun Stadtteilen ist. Als Durchgangsort an der Fernstraße wurden Dahlen schon vor fast acht Jahrhunderten, 1228, Stadtrechte verliehen.

Die Dahlener hatten im Laufe der Jahrhunderte immer wieder unter Kriegen gelitten, doch durch die verkehrsgünstige Lage konnte sich die Stadt erholen. Der zwei Kilometer vom Markt entfernte Bahnhof erinnert daran, dass Dahlen schon früh, nämlich 1838, an das Schienennetz angeschlossen war.

Vor drei Tagen noch saßen wir in der Leipziger Nikolaikirche an einem zentralen Ort der Montagsgebete, die hunderttausende Menschen auf die Straßen und Plätze der Stadt gebracht hatten und 1989 zur Friedlichen Revolution führten – und hier auf dem Dahlener Marktplatz mahnt uns eine Infotafel mit QR-Code, dass wir die Beteiligung der sächsischen Dörfer an dem *epochalen Ereignis von weltweiter Bedeutung* nicht vergessen mögen. Auf mich wirkt die Tafel nach außen wie nach innen: Sie sagt den Dahlenern, dass die Landesregierung die Beteiligung der Provinz auf dem Weg zur Einheit würdigt; zugleich scheint sie den Kummer trösten zu wollen, falls man sich in der Provinz nur als zweite oder dritte Geige fühlte.

Angesichts der großen beackerten Felder, die um Dahlen herum liegen, hätte ich auf dieser Tafel anstelle eines Scancodes mit dem Symbol der unabhängigen DDR-Friedensbewegung mehr anfangen können. Die sich auf Bibelstellen beziehenden *Schwerter zu Pflugscharen* wären für die Verdienste der LPG-Genossen auf dem Weg zu freien Wahlen, Reisefreiheit und Demokratie eine viel interessantere Allegorie. Immerhin kamen wir an diesem Tag durch *Schwarzer Kater*, heute Ortsteil von Dahlen, in dem ohne die Friedliche Revolution wahrscheinlich ein Atomkraftwerk auf den Feldern stünde.

Der Sommerabend ist lau, doch wir bleiben die einzigen Menschen auf dem ruhigen Marktplatz. Von dort wollen wir noch ein Rundchen drehen – und stehen keine fünf Minuten später vor einem spätbarocken Schloss. Durch das schmiedeeiserne Tor blicken wir auf eine Dreiflügelanlage, die von einem Notdach geschützt wird. Auch die hochwertigen Tischlerfenster zeigen, dass es in Dahlen eine Denkmal-Initiative geben muss, die sich um die Erhaltung des Landsitzes kümmert. Unvermittelt wie das Schloss selbst taucht eine Spaziergängerin mit Hund neben uns auf und spricht uns an.

Die Dame gehört zum Förderkreis und erzählt: Bauherr war Graf Heinrich von Bünau, der sich das Dahlener Schloss mit Garten ab 1744 errichten ließ. Sieben Jahre später war ein weiterer Landsitz der weit verzweigten Adelsfamilie Bünau fertig, die ihre Söhne über Generationen hinweg Heinrich nannte und denen außer Dahlen die Güter in Göllnitz, Groß-Tauschwitz, Neusorge, Domsen und nicht zuletzt in Nöthnitz und Oßmannstedt gehörten, die durch ihre berühmten Bibliotheken namhafte Wissenschaftler und Autoren wie Wieland oder Winckelmann anzogen.

Heinrich von Bünau war der Historiker und Autor des epochalen Geschichtswerks über die Kaiser- und Reichsgeschichte bis zu den Ottonen. Der Historiker war der Sohn des *königlich-polnischen und kurfürstlich-sächsischen wirklichen Geheimen Rats und Kanzlers* Heinrich von Bünau.

Nachdem Schloss Dahlen fertig war, beauftragte Heinrich von Bünau den bekannten Maler, Bildhauer und Buchillustrator Adam Friedrich Oeser, der die Decken der repräsentativen

Räume und das Treppenhaus ausmalen sollte. Kennen Sie Oeser? Aber ja. Er hat zwischen Dresden und Leipzig wunderbare illusionistische Deckengemälde geschaffen und fand 1799 in Leipzig seine letzte Ruhestätte. Die Dame lässt es sich nicht nehmen, die Bedeutung Oesers durch den Zusatz *der Zeichenlehrer Goethes* zu steigern. Sie weiß nicht, dass wir einen anderen Zeichenschüler Oesers konkurrenzlos verehren: Bünaus Bibliothekar Johann Joachim Winckelmann, den Begründer der Archäologie und Kunstgeschichte und päpstlichen Antikebeauftragten, der 1754 als Bibliothekar von Bünaus Schloss Nöthnitz nach Dresden in die Königstraße umzog, um durch Oesers Nachhilfe besser zeichnen zu können.

In letzter Sekunde glückte 1945 die Flucht der Eigentümerfamilie Sahrer von Sahr vor der sowjetischen Deportation. Die Nachnutzungen als Kinderferienlager, Polizeischule, Fachschule für Konditoren, Ingenieurschule für Fleischwirtschaft – diese Nachnutzungen sicherten den Bestand des Bauwerks. Dann erzählt sie von dem Schrecklichsten, was mit dem Schloss geschehen konnte. Im Frühjahr 1973 brannte das Schloss vollständig aus. Die Ruine galt als Schandfleck Dahlens. Deshalb beschloss der Kreisrat 1989, sie abzureißen. *Stellen Sie sich das vor, 1989!* Ja, wir stellen uns das vor: 1989 waren die Menschen in Leipzig und Dahlen längst auf den Straßen. So profitierte das Denkmal der Feudalherren von den Rufen nach Demokratie.

181

Dahlen, kurz vor dem Marktplatz,
Rathaus von 1888.

Wurzen → Dahlen

Blechverarbeitung: ornamentale Verwertung
von Restgittern aus einer Stanzerei.

Blick aus der Bäckerei in Dahlen.

Straße des Friedens: unterwegs auf
dem Lutherweg Sachsen.

Pension im landwirtschaftlichen
Gehöft. 15^{38} Uhr

Wurzen → Dahlen

Tag 22 Der erste kalte und wirklich verregnete Tag nach drei Wochen. Macht aber nichts, denn der Weg von Dahlen nach Strehla ist landschaftlich schön und ruhig. Morgens um 7 Uhr bekommen wir in einer kleinen Bäckerei in Dahlen ein Frühstück mit Brötchen und Kuchen, alles handgemacht. Ich staune einmal mehr über das, was ich auf einer Fußreise so esse. Nichts davon gehört zu meinen heimischen Essgewohnheiten. Hier esse ich immer das, was es gibt. Ich denke nicht über gesunde oder ungesunde Ernährung nach, denn alles ist bekömmlich. Die Kriterien sind völlig andere, auch die Tageszeiten sind nicht so wichtig. Nur eines ist wichtig: Wenn mir eine Bäckerei begegnet, darf ich nie daran vorübergehen, denn wer weiß, wann die nächste kommt oder ob ich nicht die besten Quarkkeulchen verpasse. Insofern sind Eierschecken und Himbeertorte mit Sahne morgens um 7 Uhr unspektakulär.

Gleich hinter Dahlen biegen wir rechts an der Schwedenschanze, einer slawischen Rundwallanlage, auf einen Feldweg, gehen durch Alleen, kommen durch eine Ortschaft, und gelangen bei Regen durch einen zauberhaften Park mit Weiher in die Wasserburg Lampertswalde. Niemand zu sehen. Ein geräumiges Café ist geöffnet. Kein Mensch dort. Wir ziehen die nassen Regensachen aus, hängen sie zum Trocknen auf, laben uns an den Duftschwaden unsichtbarer Kuchen und wärmen uns so lange in der Gaststube auf, bis uns jemand rauswerfen wird. Das geschieht auch nach einer halben Stunde nicht. Wir ziehen alles übereinander, was wir an Kleidungsstücken in unseren Rucksäcken finden können, und gehen mit einem freundlichen, laut ins Nichts gerufenen Auf-Wiedersehen auf der anderen Seite der Wasserschlosses wieder hinaus.

Der Weg ist romantisch und einsam. Historischer Verlauf über die Höhenrücken. Die Alte Salzstraße. In der Ferne liegt rechter Hand Oschatz, und ich erinnere mich an die Türmer-Wohnung in der Kirche Sankt Ägidien, über deren Denkmalwürde ich vor Jahren berichtet hatte.

Aus der verregneten Hügellandschaft kommt uns eine surreal hingetupfte Familie mit weiten, flatternden Foliencapes und hoch hinter den Köpfen aufragenden Rucksäcken entgegen. Es gibt sie noch, auch im 21. Jahrhundert, die Familienwanderer, denke ich. Und die Kinder scheinen gar nicht mürrisch, sondern alle nicken sich gegenseitig freundlich zu. Niemand bleibt bei dem Wetter stehen und plaudert mit uns, alle wollen weiter, durch den Regen, durch die Landschaft, zur nächsten Trocknung.

Liegt es am Wetter, das bis in die Knochen kriecht, oder warum merke ich heute besonders meinen linken Fußknöchel? Bestimmt gibt's in der Jugendherberge eine heiße Dusche.

Ich weiß, wir kommen gleich nach Strehla, ein Ort an der Elbe, wo ich in den Neunzigerjahren zu mehreren Reportagen unterwegs war. Deshalb bin ich wieder gespannt, ob sich meine Erinnerungen im heutigen Strehla wiederfinden. Wir haben uns in einer Jugendherberge in der Alten Mühle angemeldet. Sie hat keine Flügel mehr. Deshalb sieht sie aus wie eine riesige Morchel. Ein Sechsbettzimmer wartet auf uns, und insgeheim hoffe ich, dass wir die einzigen sein werden.

Die Kirche in Strehla ist leider abgesperrt und wird saniert, aber dafür hat der Metzger auf dem Marktplatz geöffnet. Und nach altem Pilgerbrauch gehen wir nicht vorbei, sondern kaufen geräucherte Würste, denn man weiß ja nie.

Ich habe Glück, wir sind die einzigen Gäste im Sechsbettzimmer, die Dusche ist geräumig und das Wasser bleibt heiß. Trocken und aufgewärmt finden wir am Abend ein Restaurant mit Klößen, Sauerkraut und Hirschbraten.

Wie gestern in Dahlen lassen wir auf das üppige Abendessen vor der Nachtruhe einen Bummel durch die kleine alte Stadt folgen, in der mit fast 5000 Einwohnern etwa so viele Menschen leben wie in Dahlen.

Das historische Straßennetz verbindet das Elbufer mit dem Marktplatz, der jedem, der unterwegs war, klar anzeigte, dass er das Zentrum der nächsten Stadt erreicht hatte. Auch ein Ortsunkundiger konnte sich ohne weiteres in einer fremden Stadt orientieren, weil alte europäische Handelsstädte nach gleicher Struktur aufgebaut sind:

Um einen rechteckigen Marktplatz, über den die Fernstraße automatisch führt, gruppieren sich die relevanten öffentlichen Bauten; man fand für alle Belange eine städtebauliche Entsprechung – während heute die Internet-Präsenz der Institutionen den analogen Weg zu den meisten öffentlichen Orten ersetzt hat, die deshalb alle gleich aussehen. Damals musste man in das barocke Rathaus hinein gehen, um Verwaltungsangelegenheiten zu regeln, heute spricht man über die restaurierte Fassade des Denkmals; in der Kirche konnte man Ansprechpartner für religiöse und soziale Nöte finden, in der alten Apotheke seine wunden Füße verarzten lassen, und beim Kurier oder der Post seine Päckchen und Briefe (statt Emails) abgeben oder empfangen.

Bis heute erinnert eine rekonstruierte kursächsische Postmeilensäule von 1729 auf dem Strehlaer Markt an die innovative Landvermessungstechnik im Königreich Sachsen. Hiesige Ingenieure erkannten, dass man durch einen systematischen Ausbau des Straßennetzes die Geschwindigkeit, auch die der Postkutschen, verdoppeln konnte.

Folgerichtig haben historische Marktplätze als Freiflächen, die für die alten Stadtfunktionen unbedeutend geworden sind, eine neue Nutzung erfahren: als Parkplätze. Nichts gegen Parkplätze. Ohne Auto geht es nicht, vor allem nicht in ländlichen Gegenden. Doch selbst der dicht beparkte Marktplatz lässt die mittelalterliche Raumdisposition erkennen, und nach wie vor ist das Ortszentrum ein von hübschen Altstadthäusern und Rathaus gefasster Platz.

Strehlas Stadtbild hängt mit der günstigen, wenn auch vom Hochwasser bedrohten Topografie an einem Flussbogen zusammen. Wie bei den meisten Ortschaften an der Elbe reicht die Stadtgeschichte mindestens bis in die Zeit der europäischen Völkerwanderung und der Besiedelung durch Menschen aus dem Osten zurück. Slawische Familien fanden an der Elbe gute Bedingungen und beackerten das Land, lange bevor sie Jahrhunderte später von Glücks- und Kreuzrittern aus dem Westen unterworfen und gezwungen wurden, sich taufen zu lassen. Wer auf seinem alten Glauben beharrte, bezahlte mit dem Leben oder der Versklavung. Ein Ungetaufter durfte als Sklave verkauft werden – und wurde über das europäische Fernstraßennetz bis in den Orient als Ware gehandelt.

Der Weg vom Marktflecken mit Höfen und Häusern aus Fachwerk zur mittelalterlichen Stadt mit etwas feuerbeständigeren Gebäuden aus Stein verläuft überall ähnlich: So wie man in Vacha an der Furt über die Werra zur Sicherung und Kontrolle von Personen- und Warenverkehr an der Fernstraße eine Burg baute, sicherte man in gleicher Weise in Strehla die Elbfurt mit einer Burg. Die Via Regia trägt hier mal die Bezeichnung Hohe Straße, Elbstraße oder Alte Salzstraße.

Den bekanntesten Familiennamen in Strehla tragen seit dem 14. Jahrhundert die Ritter von Pflugk, die ihren Familiensitz, die Strehlaer Burg, in Renaissanceformen ausbauten und bis 1945 dort wohnten. Bei den Alpakas am Schlosspark endet unser Abendspaziergang. Um 20 Uhr geht im Sechsbettzimmer das Licht aus. Draußen ist's noch hell.

189

Elbwiesen bei Lorenzkirch: Ort der ersten Begegnung von sowjetischen und US-amerikanischen Offizieren am 25. April 1945, Strehla im Hintergrund.

Dahlen → Strehla

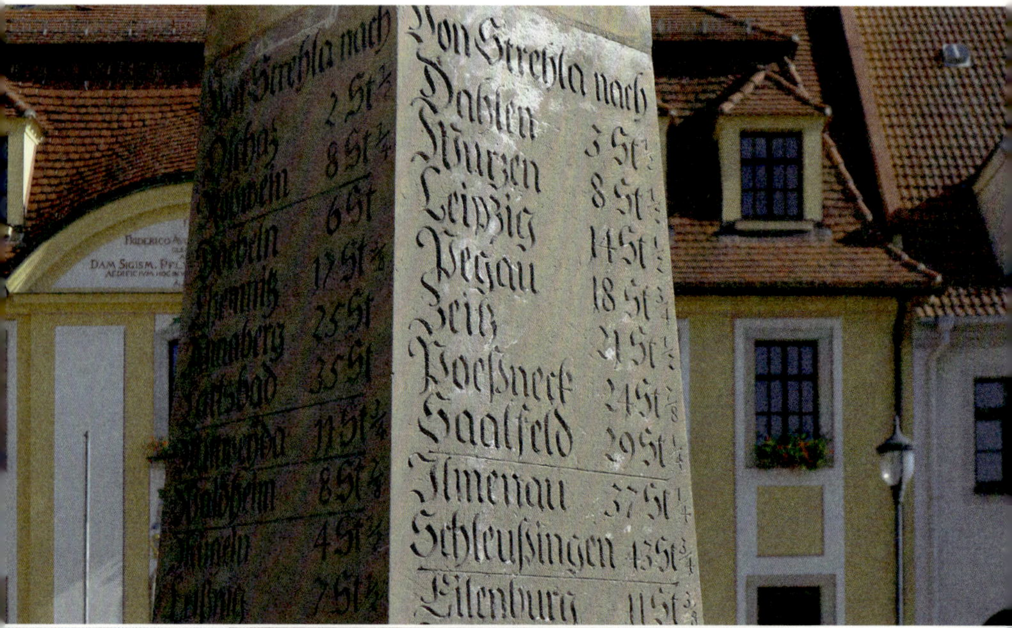

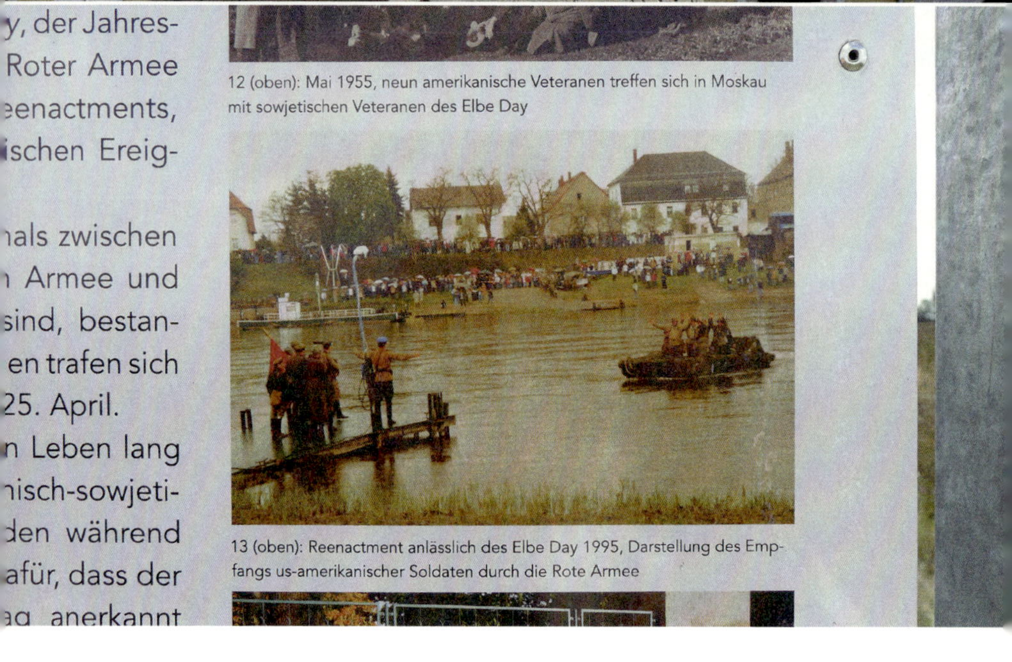

12 (oben): Mai 1955, neun amerikanische Veteranen treffen sich in Moskau mit sowjetischen Veteranen des Elbe Day

13 (oben): Reenactment anlässlich des Elbe Day 1995, Darstellung des Empfangs us-amerikanischer Soldaten durch die Rote Armee

Die kursächsische Postmeilensäule Strehla von 1729.

———

Elbe Day: Infotafel am Elbufer für den Gedenktag am 25. April.

Oberschule Strehla, Wandkeramik um 1961.

———

Elbaue.

Dahlen → Strehla

Tag 23 O Wunder, am nächsten Morgen ist der Regen vorbei, die Klamotten sind getrocknet, und ein knallblauer Himmel begleitet uns die ganze schöne Strecke an der Elbe entlang bis in die schöne kleine Stadt Großenhain.

Am Marktplatz in Strehla entdecken wir früh morgens einen Konditor, der auch Zimmer vermietet und seine verrücktesten kleinen Kuchen und Küchlein von aufwendiger Machart an jeden beliebigen Ort der Welt versendet. Bei ihm gönne ich mir einen doppelten Espresso und ein intensives Walnussgebäck von der Dichte eines Neutronensterns, und von dem ich mir erhoffe, dass es sich positiv auf einen Störfaktor auswirkt, mein schmerzendes Bein. Die Luft ist so perfekt, dieses Strehla so hübsch und der Himmel so blau, dass ich nicht vorhabe, die heutige Traumstrecke durchzuhumpeln.

Über die Espressotasse blicke ich nachdenklich auf den alten Marktplatz. Wir sollten doch noch einmal die Postmeilendistanzsäulenkopie aus der Nähe betrachten. Zu wichtig sind gerade für uns als Fußgänger die Folgen der sächsischen Landvermessung im 18. Jahrhundert.

An vielen sächsischen Orten wurden in den vergangenen Jahren die alten Postsäulen restauriert oder Kopien davon aufgestellt. Schon die Römer stellten ähnliche Meilensteine an die exakt vermessenen Straßen, und in Erinnerung daran gab man den modernen Meilensteinen im 18. Jahrhundert gern die Gestalt von antikisierenden Obelisken. Wie auf einem Autobahnschild geben die Postsäulen Entfernungen an – doch zusätzlich auch die Zeiten, oft bis auf eine Achtelstunde genau. Erst mit den Zeitangaben im öffentlichen Raum wurde eine neue Kategorie in die Fortbewegung eingeführt: die Zeit, besser gesagt, die optimal genutzte Zeit, als Ansporn zur Beschleunigung.

Bis dahin wollte man überhaupt am Ziel ankommen, oder noch besser, möglichst gesund ankommen; seitdem machte man sich immer mehr Gedanken über Abkürzungen, was die geraden Linien und die Geschwindigkeit angeht, wie über die Qualität des Wegebaus. Dafür wurde das Straßennetz systematisch dichter, die Kutschen angesichts der besseren Wege optimiert, weitere Zwischenstationen etabliert, Fahrpläne veröffentlicht und vieles mehr. Rückblickend bezeichnen Historiker diese technischen Errungenschaften um die Mitte des 18. Jahrhunderts in Europa als eine wahre Verkehrsrevolution. Auch wir kennen die erstaunte Frage, warum wir die Unterkünfte auf unseren Fußwegen nicht vorbuchen, durchplanen würden. Wie? Wie soll ein Mensch vorausschauen können, wo er um welche Uhrzeit ankommt? Zeit fühlt sich gehend anders an. Genug Zeit an der Postsäule verträumt, lass uns ans Elbufer gehen, sonst kommen wir heute nicht weit.

Ein Fährmann geleitet uns über den Fluss. Was für ein gemütliches, menschenfreundliches Tempo! Romantischer kann ein Pilgerweg kaum sein. Breit und gemächlich wie ein See liegt die Elbe in die weiche Auenlandschaft eingegossen. Eine friedliche Atmosphäre, Zeit scheint still zu stehen. Am anderen Ufer grasen Schafe, während die Stadtsilhouette von Strehla von der Fähre aus fast so wirken dürfte wie Jahrhunderte zuvor.

Was ist Zeit, was ist Erinnerung? An welche Details der Reise werden wir uns später, wenn wir zu Hause sind, überhaupt erinnern? An den klaren Himmel nach einem Regentag, an die renaturierte Landschaft mit Schafen, an die Gastfreundschaft? Wozu überhaupt ist die Erinnerung an das, was einem heute bemerkenswert ist, übermorgen noch wichtig? Für einen selbst, für die Nachgeborenen? Albert Einstein sieht das anders als der Papst. Physiker sagen, die Gegenwart dauere ungefähr drei Sekunden – also doch immerhin eine gewisse Spanne, kein Punkt.

Im Gehen entsteht Zeit, so wie beim langsamen Übersetzen mit der Fähre. Es geht nicht schneller, selbst wenn man wollte. Und wenn man später als alter Mensch die ganze eigene Biografie vergessen sollte, auch eine wochenlange Fußreise, was hat man dann? Dann hat man, so wie wir jetzt auf der Elbe und

195

wie jeder, nur die Gegenwart. Immer bin ich auf die eigene Gegenwart angewiesen. Besonders dann, wenn ich die Vergangenheit vergessen haben würde. Um so klarer wird es, dass nur die Gegenwart übrig bleibt – oder vielmehr freigelegt ist. Klar, dass nun ein angenehmer Augenblick, jeder Moment von Zufriedenheit, Freude und Ruhe an Wert gewinnt.

Entspannt von der Fähre steigend, wieder festen Boden unter den Füßen spürend, stehen wir am Elbufer gegenüber von Strehla vor einer ausführlichen Informationstafel und lesen. Alles friedlich und ruhig hier? Tödliches Unheil riss an gleicher Stelle am 22. April 1945 hunderte flüchtende Menschen in den Fluss, als die Wehrmacht aus strategischen Gründen entschieden hatte, die Behelfsbrücke auf Kosten der Menschenleben zu sprengen. Nur drei Tage danach, am 25. April, war Deutschland befreit, als sich an der Elbe die alliierten Truppen trafen – sowjetische und amerikanische.

Einen Tag später, am 26. April, wurde diese erste Begegnung von Soldaten der USA und UdSSR für die Fotokameras noch einmal nachgestellt. Seitdem ist der *Elbe Day* am 25. April ein Gedenktag an den Zweiten Weltkrieg und die Befreiung Deutschlands, der jedes Jahr mit Veteranen von damals und jungen Menschen von heute nachgestellt wird, das Ereignis von weltpolitischer Bedeutung mit immer größer werdendem zeitlichen Abstand als gespieltes Bild wiederholt wird. *Reenactment* – Gedenken durch Verkörperung.

Wir verlassen die melancholischen Elbauen bei Lorenzkirch über den Elbdamm, auf dem ein ruhiger Fuß- und Radweg entlang führt. Am anderen Ufer taucht Riesa auf, die nächste Stadt an der Elbe. Der Weg führt weiter über Roda, Weißig, Skassa – zehn Zentimeter weiter auf der Landkarte liegt Skässchen. In Skassa befindet sich eine Gedenkstätte für den Pfarrer und Kartographen Adam Friedrich Zürner, der akribisch vermessene Speziallandkarten anfertigte und zu diesem Zwecke um 1718 einen geografischen Messwagen konstruierte, mit dem er die

196

Abschnitte noch exakter messen konnte. Dazu baute er eine Kutsche so um, dass eine Stange die Umdrehungen des Hinterrades auf ein Zählwerk übertrug. Mindestens 18 000 Meilen hat Zürner mit seinem Messwagen beziffert.

Wir hingegen gelangen am Nachmittag in einen Park, den Stadtpark von Großenhain, und steuern den Marktplatz an. Hinter der unübersehbaren Marienkirche sind wir verabredet mit der Schlüsselmutter, die geradewegs von der Arbeit kommt und uns die Pilgerwohnung neben der Lateinschule öffnet. Bevor sie gleich ihre Tochter zum Geigenunterricht bringt, sorgt sie noch dafür, dass ich der Notapothekerin lange nach Geschäftsschluss mein heißgelaufenes Bein präsentieren darf. Was hatte ich noch in Strehla auf dem Marktplatz gedacht? Dass am Markt jeder Reisende alles Notwendige findet, auch eine Apotheke. Die Apothekerin empfiehlt uns eindringlich, morgen früh die Ärztin aufzusuchen.

Dort sitzen wir dann am nächsten Morgen zwischen Blumensträußen in der gemütlichen Arztpraxis, denn die Praxis feiert ein Jubiläum. Bei der Anmeldung bin ich dankbar, dass es diese leichten Plastikkarten von der Krankenversicherung gibt. Und so erfahre ich, dass der ärztliche Familienbetrieb die Praxis vor 25 Jahren in der ehemaligen Metzgerei der Eltern einrichtete, weil nach der Wende 1989 die Polikliniken aufgelöst wurden – ach was? – und ich heute eine Sehnenscheidenentzündung habe, die nach sofortiger Ruhigstellung verlangt. Glimpflich läuft immerhin das provozierende Thema *Schuhwerk* ab. Die erfahrene Ärztin lauscht mir wohl innerlich meine schon mehrfach bemühte Kaskade aus Gegenargumenten ab; sie verschont uns von jeglichem Kommentar zu unseren leichten Schuhen, so dass ich ihr glaubhaft versichern kann, dass die leisen Sohlen seit vielen hundert Kilometern unschuldig sind.

197

In den Feldern bei Nünchritz.

Strehla → Großenhain

Großenhain, Marienkirche, 1748.

———

Zwei Unzertrennliche.

Wandmalerei in Glaubitz.

———

Großenhain, Herbergswohnung neben
der Alten Lateinschule. 19⁴² Uhr

Strehla → Großenhain

Tag 24 Von der Apotheke aus waren wir gestern Abend noch langsam und vor Schmerzen kichernd zum Marktplatz in die *Blaue Laterne* gehinkt.

Dort vertilge ich diesmal leider keine Klöße, sondern die gesamte Schlachteplatte. Ich weiß nicht, warum ich alles zu später Stunde so erstaunlich gut vertrage, tief und fest schlafe. Am nächsten Morgen wache ich, wie so oft, in einem gemütlichen Raum auf, diesmal in Großenhain gleich neben der Marienkirche. Wie gesagt, erst zur Frau Doktor gehinkt, das Bein nachgeschliffen, dann ab in die Marienkirche, aus der wir das Brausen der Orgel bis auf den Marktplatz hören.

Nicht zufällig erinnert die große Kirche mit dem ovalen Grundriss und dem Kirchturm an die Frauenkirche in Dresden. In Großenhain war es Johann George Schmidt, der Cousin des Dresdener Baumeisters George Bähr, der diesen betörenden Kirchenraum schuf. Ganz in verschiedene Weißtöne gehaltene, hölzerne Emporen schwingen sich stromlinienförmig dreifach übereinander um ein raumhohes Kunstwerk aus Altar, Kanzel und Orgel. Die evangelische Liturgie ist ganz auf das Wort und auf Musik ausgerichtet. In seiner majestätischen Heiterkeit erinnert der Sakralbau an einen großen Konzertsaal. Die waghalsige Komposition des Osterfensters (1883) gegenüber der Orgel ist ebenso bemerkenswert: Das Portrait Dr. Martin Luthers prangt über dem auferstandenen Christus, dort, wo man sonst allenfalls die Hand Gottes vermutete.

Mit dem professionell verbundenen Bein erwartet mich ein Tag, an dem ich mich im Langsamgehen und Pausenmachen üben darf. Der Weg ist der Weg, und die Pause das Ziel. Alles andere ist Zen.

Wir wissen: Kaum 15 Kilometer entfernt erwartet uns das schöne Schönfeld mit einem Traumschloss in der *Straße der Jugend*. Mit zwei Eierschecken im Bauch schleichen wir aus Großenhain. Erstmal die Landstraße entlang. Wir weichen von der offiziellen Muschelbeschilderung ab, weil auf dem Umweg ein paar Dörfer liegen – nur für den Fall, dass der Fuß nicht mitmacht. Vorbei an Bauarbeitern, die in der Sommerhitze die Straße abschnittweise teeren, am Alten Kanal entlang, am Reiherhof und dem alten Wehrhaus vorbei, über Kalkreuth, Bieberach. Dann muss wieder ein unangenehmes Stück Landstraße mit Flitzern, Sattelschleppern und Traktoren überwunden werden. Nein, das fühlt sich gar nicht schön an, geht aber nicht anders. Dafür halten wir am Mühlbacher Teich zwischen Schilf und Störchen und Reihern eine kleine Beinruhe.

So im Schneckentempo durch ein helles, junges Waldstück gehend, taumelt in der Ferne eine italienische Flagge. Ein Italiener auf weiter Flur im tiefsten Sachsen? Na sowas. Ich erblicke eine Fatamorgana: Ein Mensch balanciert ein Waffeleis über die Straße und schraubt sich in sein Auto. Sehe ich recht? Ein Eis?

Vor einem barackenartigen Bauwerk gruppieren sich die international bekannten weißen Plastikstühle, die aussehen wie Badelatschen zum Sitzen. Das Eis mit dem Mann dran muss aus diesem Gebäude gekommen sein. Also öffne ich entschlossen die neue weiße Baumarkttür, rufe wie geübt *Hallo* – und stehe vor einer langen Eistheke.

Eine Eisdiele ohne Namen, am Waldrand, an einem Straßenschild *Straße der MTS*. Der Straßenname steht, Wikipedia erklärt es mir später, für Maschinen-Traktoren-Station. Darunter verstand man in der DDR, wie in allen sozialistischen Ländern, seit den Zwanzigerjahren Einrichtungen, in denen die Bauern landwirtschaftliche Maschinen und Traktoren ausleihen konnten. In einem dieser MTS-Gebäude liegt die Eisdiele.

Dort taucht eine stoische junge Frau aus dem Nichts auf, ich bestelle zwei Eis mit nie gehörten, ganz modernen Geschmacksrichtungen, und wie verzaubert lassen wir uns mit großen Portionen als momentan einzige Gäste auf einem kleinen Bänkchen an der Hausfassade der MTS nieder, um das Stuhlarrangement im Garten nicht zu stören. Unser heutiges Etappenziel,

Schloss Schönfeld, sollte am Ende der *Straße der MTS* gleich nach dem Eis zu sehen sein.

Ein entspannter Italiener kommt aus der Eisdiele und zündet sich eine Zigarette an. Er hat sich am Rande des sächsischen Ortes Schönfeld als Großhändler für Eis-Basen niedergelassen. *Bloß keine Werbung*, winkt er ab, *das schaffen wir nicht mehr. Am Wochenende ist hier alles voll, die ganze Straße zugeparkt. Da kommen die Leute aus 50 Kilometern Entfernung mit dem Auto zum Eisessen hierher.*

Er sei seit 1964 in Deutschland, seit 1997 hier an diesem Ort. Es stimmt schon, hier ist nichts mehr los, aber die Leute scheinen gern hier zu sein und wollen nicht weg. Er verkauft in ganz Deutschland seine Eis-Basen aus Italien, aber die meisten mischen sie nicht richtig. Er zuckt mit den Schultern. Sie wollen sparen und strecken die Mischungen. Hier hingegen bietet er die neuesten Kreationen aus Italien an, als Test, und wenn es hier gut läuft, in Schönfeld, zum Beispiel mit Salzig-Karamell, dann weiß er, das läuft woanders auch.

Am nächsten Straßenschild der Maschinen-Traktoren-Station ist die gelbe Muschel befestigt. Wir sind also wieder auf dem rechten Weg. So stoßen wir nach unten in den Ortskern von Schönfeld, wo wir im stattlichen Neorenaissance-Schloss mit Park und großzügiger Vorfahrt die Dame der Öffentlichkeitsarbeit finden, die uns freundlich den Schlüssel zur Pilgerwohnung aushändigt, ein bisschen über das Schloss erzählt und sich dafür entschuldigt, dass wir die einzigen Übernachtungsgäste in dem großen Schloss sind und es nur ein Stückchen außerhalb von Schönfeld beim Bäcker vielleicht noch etwas zu essen gäbe.

Hoffentlich. Wir gehen langsam die Hauptstraße in Richtung Salzig-Karamell zurück und finden den Bäcker am anderen Ortsende. Ein geräumiges Ladenlokal mit langen Metzger- und Bäckertheken verführt uns zu einem üppigen Einkauf, den wir an einem der Stehtische zu handlichen Paketen umsortieren.

Eine junge Mutter mit Kinderwagen hantiert wie wir mit Brötchentüten und mischt sich in das Plaudern zwischen den Verkäuferinnen und uns. Und wo kommen Sie her, frage ich sie angesichts des mit Einkäufen vollgestopften Kinderwagens. *Kennen Sie nicht*, antwortet sie, *ist 50 Kilometer weg, heißt Hoyerswerda.* Ich zucke zusammen. Mit Anfang 20 ist sie zu jung, um zu wissen, dass allein der Name ihrer schönen Stadt seit 1991 landesweit zu einem Synonym für Rassismus und rechtsextreme Gewalt geworden ist. Seitdem gab und gibt es in vielen Regionen Angriffe auf Menschen, die als Fremde erkennbar sind. Politiker sahen sich in Hoyerswerda erstmals unter den Augen der Öffentlichkeit gezwungen, die Asylbewerber in Sicherheit zu bringen. Der Schrecken über die physische und verbale Gewalt veranlasste einen Sprachwissenschaftler aus Frankfurt, Horst Dieter Schlosser, die Aktion *Unwort des Jahres* ins Leben zu rufen. Dem schrecklichen Wort *ausländerfrei* gebührt die Ehre, 1991 von der *Gesellschaft für deutsche Sprache* zum ersten Unwort des Jahres gekürt worden zu sein.

Wir verabschieden uns freundlich voneinander und wünschen uns gegenseitig einen guten Weg. Wenig später machen wir auf der Schlossvorfahrt unter hohen Bäumen ein abendliches Picknick. Beim Brötchenkauen fahren fünf baugleiche Mittelklassewagen vor und parken im Halbkreis vor der Schlossfassade. Es steigen stolze Fahrer aus. Sie dirigieren sich gegenseitig um die Wagenburg. Schnappschüsse fallen. Nach zehn Minuten beruhigt sich die Choreografie, und die hochherrschaftliche Fassade des Traumschlosses ist wieder autofrei. Es wird Zeit, dass die Pilger die Augen schließen.

Schutz vor Wildverbiss:
Jägerzaun in Schönfeld.

Großenhain → Schönfeld

Alter Wanderweg bei Quersa.

———

In Schönfeld.

Herberge in Schloss Schönfeld.
16⁰⁴ Uhr

———

Unscheinbar: der beste Eissalon
weit und breit.

Tag 25 Angenehm früh wache ich auf, denn nach dem Auto-fotoshooting war mir schon um 19 Uhr nach Liegen und Wickelbein-Hochlegen zumute. Ich greife mir eine der umliegenden Broschüren.

Der aufwendige Bauschmuck der Fassaden, die wie aus einem Architekten-Musterbuch des 19. Jahrhunderts stammenden Erker und Türmchen, hatte mich schon gestern an Dresdener und Zwickauer Industriellenvillen erinnert. Ich lese, dass der Hausherr von Schloss Schönfeld, der Unternehmer und Politiker Dathe von Burgk, das Anwesen von seinem Vater als Hochzeitsgeschenk erhalten hatte. Insofern passt es gut, dass die Gemeinde ihr Schloss für Hochzeiten vermietet. Die Montanunternehmer-Dynastie Dathe von Burgk war durch Steinkohle- und Eisenhüttenwerke zu Wohlstand und Einfluss gelangt. Als sich der kaum 30-jährige Dathe von Burgk verheiraten und in Schönfeld niederlassen wollte, leistete er sich 1882 den gefragten Architekten Gotthilf Ludwig Möckel. Er beauftragte ihn zunächst mit der Erweiterung und Modernisierung des stattlichen Schlosses, wobei er sich die standesgemäßen, historisierenden Zierelemente der Neorenaissance vorstellte; dann widmete man sich dem Park und verwandelte ihn in einen großzügigen englischen Landschaftsgarten.

Frühmorgens in diesen Räumen von damals schmökernd, frage ich mich, wie es die geadelte Montanunternehmer-Familie wohl empfunden hätte, dass heute in ihrem repräsentativen Familiensitz fremde Fußkranke mit Rucksäcken für eine kleine Spende übernachten. Vom einfachen, bequemen Herbergsbett schweift mein Blick durch den Raum. Ich blättere wie immer im Gästebuch und merke, wie ich mich über die Kritik früherer Pilger ärgere, die sich über fehlende Duschen im Schloss beklagen. Fünf Euro, liebe Leute, dafür, dass euch die Gemeinde ein trockenes, sauberes Bett im Schloss zur Verfügung stellt, dazu ein Klosett mit Wasserspülung sowie fließendes Wasser im Handwaschbecken! Hat einer der Kritiker mal darüber nachgedacht, was allein die Verwaltung und die Erhaltung dieses jahrhundertealten Baudenkmals pro Tag kosten? Wie viele Stunden dauert das Blätterrechen unter den gewaltigen Baumkronen, geschweige denn das Beheben herbstlicher Sturmschäden an alten Bäumen; wie zeitraubend ist Unkrautzupfen an der weitläufigen Parkmauer, wie teuer das Instandhalten der großzügigen Schlossvorfahrt, die jeder Besucher kostenfrei als Kulisse für Kleinwagen-Fototermine und Hochzeiten betreten darf? Da beklagt sich ein Sparfüchschen über fehlenden Komfort?

Wo heute Pilger beherbergt werden, war spätestens im 12. Jahrhundert eine Wasserburg gebaut worden, um die unverzichtbare Ost-West-Handelsroute zu sichern. Aus der Burg wurde ein Schloss, das wurde seinerseits von den nächsten Generationen transformiert, bis Möckel schließlich jenes spätromantische Traumschloss schuf, in dem auch wir heute Gäste sind. Leider wollen wir früher los als die Verwaltung öffnet, so dass wir die restaurierten Schlosssäle im Hauptflügel nicht mehr sehen.

Der Weg führt durch die Königsbrücker Heide an Ortsschildern vorbei, auf denen ich Thiendorf, Lötzschen und Tauscha lese. Manche Dorfnamen sagen mir was, die meisten nichts. Durch die Nähe zu Dresden lassen sich wieder jüngere Leute in den Dörfern nieder, was man an den älteren, aber modernisierten Häusern ablesen kann, und was ein kurzer Schwatz über den Gartenzaun bestätigt.

In Tauscha wurden auch die Straßennamen modernisiert. Die Hauptstraße heißt jetzt *Alte Poststraße*, aus der Dorfstraße wurde die *Pilgerstraße* – um die Dubletten nach der Dorfzusammenlegung zu eliminieren. Die freundliche Tante-Emma-Laden-Betreiberin öffnet für uns die kleine Kirche aus dem 17. Jahrhundert, damit wir in Ruhe den Kändler-Altar betrachten können. Johann Joachim Kändler war als einflussreicher Modelleur der Meißener Porzellanmanufaktur gefragt. Er schuf 1745 den Altar für die Dorfkirche in Tauscha.

Unser Tagesziel soll die kleine Stadt Königsbrück sein, für deren Denkmale wir etwas Zeit einplanen, denn aus der Altstraßenliteratur wissen wir, dass sich das sorbische Kinspork, heute Königsbrück, an der Kreuzung der Via Regia mit einer anderen Altstraße entwickelte. Das Schloss mit Park, der mittelalterliche Marktplatz, die Hospitalkirche, das Eisenbahn-Viadukt im Pulsnitztal und mehrere Mahnmale sind gute Gründe, in Königsbrück zu übernachten. Besonders interessiert uns ein restauriertes Armenhaus, das uns als nächste Unterkunft vorschwebt.

Am Ortseingang von Königsbrück liegt jenes Armenhaus Stenz (1826), das der Heimatverein als lebendiges Museum eingerichtet hat. Der Küster kümmert sich um die Pilger. Einfach kommen, alles wird sich finden, sind seine freundlichen Worte, als wir ihn am Morgen antelefonieren. Als wir dann vor dem liebevoll restaurierten, idyllischen Denkmal stehen, ergibt sich die Idee, doch weiter zu gehen, bis zur nächsten Herbergsstation, Armenhaus Reichenau (1845). Es ist das Wetter, das uns verführt, am späteren Samstagnachmittag in unserem gemächlichen Gehtempo doch noch den zauberhaften, einsamen Waldweg durch das Naturschutzgebiet Pulsnitztal zu gehen.

Und tatsächlich, im *Tiefental* der Pulsnitz führt der Pfad durch einen stillen, heimischen Urwald. Zauberhaft. Wie ein Märchenwald ohne Einhörner. Ein spannender Holzsteg leitet über den Bach. Endlich taucht unser Wunschort auf, Reichenau, und die Vorfreude wächst, bald die Beine hochlegen zu können.

Überraschung: Party. Das idyllisch im Wald gelegene Dorf ist am Samstagabend eine einzige Feier. Das Heimathaus, die ausgewiesene Pilgerunterkunft, ist vermietet. Keine Chance auf ein Schlafplätzchen. Party die ganze Nacht. Oha. In Schwosdorf sei die nächste Pilgerherberge, hören wir, gar nicht weit, einfach durch den Wald gehen, höchstens fünf Kilometer. Himmel. Fünf Kilometer können lang sein. Warum sind wir nicht in Königsbrück in dem kuscheligen Armenhaus geblieben? *Warum, warum-warum* begleitet uns hinkend durch den Wald. Nach langem Schweigen im Walde kommen uns zwei Spaziergänger mit großen Hunden entgegen. Ja, Schwosdorf ist das nächste Dorf, und ja, das erste Haus sei wohl auch eine Herberge. Da sei aber die nächste Zeit niemand. Mir ist jetzt alles egal. Ich sehe am Ende des Waldes am Ortsrand ein einladendes, backsteinrot gestrichenes Haus, ich sehe einen Garten voller bunter Sommerblumen, ich sehe rustikale Gartenbänke und Tische im Garten. Also beschließe ich aus Verzweiflung, meinen Schlafsack genau dort auszurollen und mich einfach hinzulegen. Das geht nicht, das können wir nicht machen! Das ist mir egal, weitergehen geht auf keinen Fall. Die Erschöpfung macht mich fatalistisch, ich bleibe jetzt hier und schlafe im Garten dieses fremden schönen Hauses.

213

Parallel zum Jakobsweg bei Königsbrück:
die Pulsnitz im Naturschutzgebiet Tiefenthal.

Schönfeld → Schwosdorf

*Via Regia: die Alte Straße in
der Laußnitzer Heide.*

———

*Museum und Herberge:
Armenhaus Stenz (1845)
in Königsbrück.*

*Mit breitkrämpigem Hut und
Jakobsmuschel: St. Jakob in Tauscha,
auf dem Weg zu sich selbst.*

———

*Kulturvereinshaus und Herberge
in Schwosdorf. 20²⁰ Uhr*

Schönfeld → Schwosdorf

Tag 26   Der Tag endete tatsächlich nach diesen rund 26 Kilometern Fußweg in dem roten Haus in der westlichen Lausitz. Doch keineswegs auf einer Gartenbank, sondern in einem weichen Bett im Obergeschoss. Die Küche im Erdgeschoss war wie ein Hofladen eingerichtet und auf viele Gäste eingestellt. Im Kühlschrank gab es Milch und Butter, in den Regalen standen Konserven und Kekse. Harald hatte uns dieses Pilgerparadies aufgeschlossen, ein ruhiger Mensch, der sich schon für den Fernsehabend zurechtgemacht hatte, als Elmar ihn einige Häuser weiter ausfindig machen konnte, um ihn nach dem roten Haus zu fragen. Elmar nahm es nicht hin, dass sich seine Frau ungefragt in einem fremden Garten zur Ruhe legte. Hier ist der Schlüssel, hatte ihm Harald gesagt, leg ihn morgen früh unter den Blumentopf. Doch dann hatte sich Harald aufgerafft und ist mitgekommen. Vielleicht kamen ihm die Regularien für die Herbergseltern in den Sinn. Jedenfalls fühlten wir uns pilgergerecht betreut. Harald machte einen zufriedenen Eindruck. Er fährt selten in die Ferne, sagte er. Stattdessen freut er sich über persönliche Nachrichten aus der Fremde, die ihm die vorbeiziehenden Fußreisenden bringen. Ein bisschen Exotik tat auch uns gestern Abend gut. Wir piksten unsere Sushiröllchen mit den Ministäbchen auf, die wir am Nachmittag im Supermarkt von Königsbrück organisiert hatten.

Schwosdorf – nie zuvor gehört. Für uns war es am Abend zur rettenden Herberge geworden. Diesen Dorfnamen werde ich nicht vergessen. Harald erzählte, dass wir im Wal- und Wüsteberg-Haus schliefen. Der zugehörige Verein engagiert sich dafür, dass das naturnahe Umland nicht durch Rohstoffabbau beeinträchtigt wird. Am nächsten Morgen in der dörflichen Stille von Schwosdorf aufzuwachen, fühlte sich an wie in einem gemütlichen Ferienbett der Kindheit. Wie bei der Oma. Sehr privat.

In der Küche koche ich morgens Kaffee. Der Duft zieht durch's Haus. Dazu gibt's Kekse. Das Vertrauen und die Gastfreundschaft in diesem Vereinshaus berühren mich. Ich habe keine Ahnung, wer die Frau ist, die jedes Ding in diese Küche hingestellt hat. Ich weiß, ich bin zu Fuß unterwegs und werde wenige Minuten später auch diesen angenehmen Ort verlassen. Was der Tag bringt – keine Ahnung. Dieses Unwissen, was als nächstes kommt, verliert sein beängstigendes Potenzial. Du wachst auf und weißt, am nächsten Morgen wirst du woanders aufwachen, an einem Ort, dessen Namen du vielleicht nie zuvor gehört hast und von dessen Schlafplatz du noch keine Ahnung haben kannst. Und dazwischen wird wieder ein Tag liegen, ein Fußweg, von dem du ebenfalls noch keine Vorstellung haben kannst. Mit dem frisch gebrühten Kaffee in der Küche fühle ich mich vollkommen zufrieden. Was mache ich im normalen Alltag falsch, dass sich das Leben nicht ständig so vollständig und gut anfühlen kann? In dieser Küche in Schwosdorf wünschte ich mir, dass jene beruhigende Einfachheit und Klarheit der Fußreise nie aufhören möge. Wie immer, schreiben wir ein paar Zeilen ins Gästebuch, schieben einen Geldschein in die Büchse und vergewissern uns, dass wir keine Krümel hinterlassen.

Von Schwosdorf führt der Waldweg über den Hutberg nach Kamenz, dann über Nebelschütz und Panschwitz-Kuckau mit dem bekannten Kloster Marienstern bis nach Crostwitz. Wir sind nicht nur in Sachsen, in der Westlausitz, wir gehen durch altes sorbisches Gebiet. Alle gelben Ortsschilder sind zweisprachig, deutsch und sorbisch. So steht unter Kamenz *Kamjenc*, unter Nebelschütz steht *Njebjelčicy*, unter Panschwitz-Kuckau steht *Pančicy-Kukow*, unter Deutschbaselitz (dem Geburtsort von Georg Baselitz) steht *Němske Pazlicy*.

Es ist Sonntag. Alle Geschäfte haben geschlossen. Die Straßen sind gefegt, die Gärten rasiert und geordnet. Selbstgebackenen Kuchen und Kaffee bekommen wir auf einem sorbischen Dorffest, mit Blaskapelle und Trachten, alle Generationen unter dem Vereinszelt versammelt.

Der nächste Kuchen empfängt uns in der *Pilgeroase*. In Crostwitz hat Monika ihr Privathaus für Pilger eingerichtet. Monika arbeitet als Journalistin beim Mitteldeutschen Rundfunk. In Bautzen, im sorbischen Studio des MDR, moderiert sie sorbische Sendungen und berichtet über die Oberlausitz.

Sorben? Die Sorben sind Slawen, die schon länger als die deutschen Siedler hier sind, die ihrerseits erst durch die Niedersachsen zu Sachsen wurden. Oder noch einfacher: Sorben sind Deutsche, die Sorben sind.

Monikas Haus mitten in Crostwitz/*Chróścicy* steht Pilgern immer offen. Sie selbst ist regelmäßig auf europäischen Jakobswegen unterwegs und wollte mit ihrer offenen Tür ein Stück der erlebten Gastfreundschaft in ihren eigenen Ort bringen. Als wir an jenem Sonntagabend ankommen, ist das Haus fast voll. An einem großen Gartentisch sitzen einige Frauen mittleren Alters und älter – und dazwischen, ich kann es kaum glauben, Jaap mit Max, denen wir im thüringischen Cobstädt begegnet waren. Sie gingen doch nach Westen? Weil sich durch diverse Kontakte auf dem Weg neue Aussichten für Max ergaben, hatten sie ihren Plan geändert und sind nun hier gelandet, bei Monika. Der 15-jährige Max hat in den wenigen Wochen deutlich an Gewicht verloren und macht einen zugänglichen Eindruck. Das Langstreckengehen als wirksame Dauertherapie für einen Jugendlichen, der mit Schultaktung und überforderten Eltern ebenso wenig im Alltag zurecht kam wie in diversen Kinderheimen.

Irgendwer kümmert sich um ein Abendessen für zwölf Personen, ich höre Namen wie Annette und Maria und Mechthild und Gundula. Sie schnibbeln am Küchentisch Gemüse, rühren in großen Töpfen und brauchen keine Hilfe. Ich erfahre von Jaap im Garten, was seine Arbeit als Therapeut bedeutet, wenn er mit Kindern und Jugendlichen zu Fuß quer durch Europa geht. Die ihm anvertrauten Kinder sind spielsüchtig, drogensüchtig, übergewichtig, von diversen Schulen geflogen, aus

Heimen abgehauen, haben geklaut, Gewalt erfahren und selbst oft kräftig ausgeteilt. Jaap geht mit ihnen, oft mehrere Monate, in stetem Kontakt mit Ämtern und Therapeuten, 24 Stunden am Tag, wach und wachsam.

Wer hier auf der Via Regia aus welchen Motiven unterwegs ist, erfahre ich abends an der Tafelrunde im Garten. Eine der Frauen wohnt seit Monaten bei Monika. Sie ist in Crostwitz geblieben, obwohl sie nach Santiago wollte, weil es bei Monika halt so viel zu tun gab. Als Rentnerin hatte sie ihre Stadtwohnung nach mehreren Mieterhöhungen aufgeben müssen und beschlossen, sich auf den Weg zu machen. Mit Humor erzählt sie, dass sie im Dorf Crostwitz nach Arbeit gefragt habe, im Kloster Marienstern nach einer kleinen Aushilfstätigkeit schließlich eine gut bezahlte Anstellung gefunden habe. Sie ist froh, damals einfach losgegangen zu sein.

Jede der Frauen hat eine eigene Geschichte, die sie auf den Weg gebracht hat. Wie so vieles unterwegs verläuft auch das dutzendfache Zähneputzen im Bad nach der Theorie der Selbstorganisation reibungslos. Die Matratzen der zusätzlichen Nachtlager liegen eng nebeneinander. Bei Monika findet jeder Platz für eine Nacht, der auf dem Weg einen braucht.

Gehöft in Wendischbaselitz.

Schwosdorf → Crostwitz

Deutsch und Sorbisch.

In Kamenz.

Kurz vor Crostwitz. 17⁵⁹ Uhr

Herberge in Nebelschütz.

Schwosdorf → Crostwitz

Tag 27   Wir gehen heute nur bis Bautzen, höre ich mich beim
Frühstück an Monikas Gartentisch sagen. Das sind
kaum 17 Kilometer. Monika bestätigt, was die Pilgerinnen, aus
Görlitz und Bautzen kommend, über die vergangenen Tage betonen: Der Weg durch die sorbische Landschaft sei wirklich
schön, und Bautzen ist das kulturelle und verwaltungstechni-
sche Zentrum der Sorben.

Für Kunsthistoriker und Denkmalpfleger steht die alte sorbische Stadt – wie andere Städte an der Via Regia – für eine
geschlossen erhaltene Altstadt mit wertvollen Baudenkmalen
vom frühen Mittelalter bis heute, mit dem Dom St. Petri, dem
Rathaus, Plätzen und Parks, mehreren bedeutenden Kirchen
und Klöstern, und nicht zuletzt mit beeindruckenden Denkmalen der historischen Wasserversorgung, der Alten und Neuen
Wasserkunst. Doch Bautzen, das steht auch für den Knast, den
gefürchteten *Stasi-Knast*, dessen langer Schatten sich auch
nicht durch die Bewunderung der hervorragend sanierten Baudenkmale verkürzt. Als wäre dieses Spannungsverhältnis nicht
schon kompliziert genug, kommt Bautzen immer wieder als
Ort der Fremdenfeindlichkeit und Gewalt in die Medien. In
dieses Bautzen gehen wir heute, und wir würden gern, wie uns
empfohlen wurde, im Kirchgemeindehaus der Petri-Gemeinde
übernachten.

Das wird nichts mit den zwei Schlafplätzen, höre ich zwischen Galgenberg und Milleniumsdenkmal aus dem Handy. Die
Bäckersfrau, die sich von der Tortentheke aus um die Daher-
gelaufenen kümmert, bedauert, dass die Doppelstockbetten im
Gemeindehaus bis auf einen Platz belegt seien, denn es habe
sich ein Ehepaar mit Baby angekündigt und dazu noch eine
einzelne Frau. Da uns zu Zweit ein Bett zu schmal ist, werden
wir erst einmal weiter über Wald und Flur auf Bautzen zu gehen und uns dann in der Stadt umschauen. Auf Ortsschildern
lese ich Schmochtitz/*Smochćicy*, Niederuhna/*Delni Wunjow*,
Oberuhna/*Horni Wunjow*, Salzenforst/*Słona Boršć*. Kurz vor

der Autobahn A4 kündigt sich uns die auf einem Felsplateau über der Spree gelegene Altstadt von Bautzen mit dem Dom an. Wir nehmen die Abfahrt Bautzen-West.

Im Tal vor dem kurzen Anstieg in die Stadt halten wir bei strahlendem Sonnenschein noch einmal inne. Denn der Anblick des verschachtelten, über Jahrhunderte auskristallisierten Stadtbildes, das wie eine Akropolis, eine antike Stadtfestung, an einem schroffen Felsgestein klebt, um den Berg schließlich mit einem Gewimmel aus Dächern, Türmen und Türmchen zu bedecken, um sich obendrein zwischen nahezu quietschgrünen Büschen im Spreewasser zu spiegeln, ist schlichtweg bezaubernd.

Ich frage mich in diesem Augenblick, wie es wäre, wenn mir jetzt mit jedem Blick auf jedes Detail automatische Bildunterschriften ins Gesichtsfeld ploppen würden. Ob es mir weiterhelfen würde, das Ganze zu begreifen, ob es die Realität anreichern würde, um sie noch realer oder verständlicher oder vollständiger oder beherrschbarer zu machen. *Augmented Reality* oder *computergestützte Erweiterung der Realitätswahrnehmung* hieße der Umstand, dass ich nicht mehr nur auf mich selbst angewiesen sein müsste – oder gar nicht mehr ohne Krücke mit meiner Umgebung zurecht käme, als wenn den Erscheinungen etwas fehlte, sie grundsätzlich mangelhaft seien. O weh, meine eigene Realitätswahrnehmung vor Bautzen ist für meine Sinne schon verstörend genug. Das reale Bild der von knallblauem Himmel überspannten Stadt – jedenfalls das, was ich sehe – erscheint so perfekt komponiert, dass sich stillschweigend die routinemäßigen digitalen Bildbearbeitungsfunktionen zu Wort melden. Die Luft ist an diesem Sommertag so ungewöhnlich klar, dass alle baulichen Strukturen wie durch Schärfekorrektur hyperbrillant erscheinen. Die Farben der Fassaden sind im Licht gesättigt, in den indirekt beleuchteten Zonen mild und kreidig. Es gibt keine überbelichteten Stellen, nur die Schattenbereiche könnten im Dreiviertelton etwas aufgehellt werden. Allein der Himmel leidet an einigen Prozent Cyanüberschuss, das würde man durch eine partielle Reduktion so steuern können, dass es wieder echt aussieht und nicht wie eine Kitschpostkarte. Also, ich bin allein beim freihändigen Gucken mit meiner Realität so sehr beschäftigt, dass ich noch nicht einmal weiß, wie ich meine eigenen Filter abstellen könnte.

Dieses seltsame Vexierspiel, das angesichts der gegenwärtigen Perfektion der Wirklichkeit versucht, die reale Erscheinung Bautzens in der Landschaft als real zu begreifen, erinnert mich an den Kleintransporter, der mir durch eine Kleinigkeit vor einigen Tagen am Straßenrand auffiel. Der Geschäftswagen eines Malermeisters war dekoriert mit einem branchenüblichen Signet, irgendwas mit Farbtupfen. Jetzt erst wird mir klar, was das Komische war. Es war die Abbildung von Farbdosen in dreierlei Gestalten: Rot, Blau und Grün, jeweils mit schönen triefenden Farbnasen. Der Unternehmer – oder der Schildergrafiker, von dem er sich das Falschfarbenbild hat andrehen lassen – muss so jung gewesen sein, dass er als Kind nie mit dem Wasserfarbkasten gespielt hat, sondern gleich am Bildschirm mit *Photo Paint Pict Shop* oder so aufgewachsen ist. Er wirbt lustigerweise mit den Grundfarben für die Farbmischung mit Licht, sodass ihm das Gelb fehlt. Aber wer weiß?

An der alten Mühle vorbei, führt die schmale Straße zwischen den immer noch malerisch gestaffelten Wohnhäusern hinauf in die Altstadt. Die ganze Altstadt ist mittlerweile noch schöner saniert als ich sie in Erinnerung hatte. Straßen und Wege wirken romantisch, hell und freundlich, der Fleischmarkt zwischen Dom und Rathaus ist belebt, die Geschäfte sind geöffnet. Paare sitzen in Straßencafés beim Eis, Familien haben sich auf Bänken niedergelassen und genießen die Ferien, und alles ist in eine entspannte Sommeratmosphäre getaucht, die die Weltverbesserer auch noch anreichern werden. Was hier in den vergangenen Jahrzehnten restauriert wurde, sieht richtig gut aus. Die sächsischen Denkmalpfleger, Handwerker und Restauratoren haben Bestaunenswertes geleistet. Diese vom Mittelalter über Barock bis in die Neuzeit geformte Altstadt ist ein Schmuckstück, eine Perle der Oberlausitz, wie man so sagt. Nun denken wir im Schatten des Domes, diesmal eine Soljanka löffelnd, darüber nach, wie wir in dieser hübschen Stadt an einen Schlafplatz kommen. Einfach hingehen, obwohl ausgebucht ist?

Wir schlendern mit warmer Suppe im Bauch zur Adresse der kleinen Bäckerei und vergewissern uns über die Eierschecken hinweg scherzend, ob tatsächlich nur ein einziges Bett frei sei. Die Bäckersfrau schaut erstaunt – und drückt mir einen Zimmerschlüssel in die Hand. Zornig habe ihr die Einzelpilgerin den Schlüssel vor kaum fünf Minuten zurückgebracht, weil sie Angst bekommen hätte, dass das Pilgerbaby die Nacht durchplärren würde. Ich bin begeistert. Ein paar Häuserecken weiter finden wir unsere Unterkunft: das stattliche, vor wenigen Jahren sanierte Kirchgemeindehaus mit modernen Büros, Tagungs- und Verwaltungsräumen. Im obersten Stockwerk befindet sich neben den Sitzungsräumen ein Pilgerzimmer mit Doppelstockbetten. Auf unser zaghaftes Anklopfen werden wir von dem tiefenentspannten Pärchen begrüßt, das mit einem zufriedenen Baby spielt.

Am frühen Abend teilen wir uns Obst und Kekse aus dem größten Einkaufszentrum der Oberlausitz, dem Kornmarkt-Center. Bevor alle früh einschlafen, erfahren wir, wie ruhig eine Fußreise auf der Via Regia mit einem wenige Wochen alten Baby im Kinderwagen verlaufe. Diese schweren Rucksäcke, diese Flaschen- und Windelmengen, denke ich in meinem Schlafsack, ich könnte es nicht. Nachts träume ich von einem riesigen Kinderwagen voller schlafender Babys, den ich einen steilen Felsweg hinauf drücke.

In den Oberlausitzer Gefilden
mit Blick auf das Lausitzer Bergland.

Crostwitz → Bautzen

Bautzen II, Stasi-Knast,
Gedenkstätte.

———

Modernisierte Wohnsiedlung
der Sechzigerjahre in
Zeilenbauweise, Bautzen.

Bautzen auf dem Felsen
im Tal der Spree.

———

Gerberstraße in Bautzen.
16^{20} Uhr, noch 3^{43} h
bis zum Bezug der Herberge.

Crostwitz → Bautzen

Tag 28   Baby Lilith und wir waren schön früh wach, so dass wir nach einem Kuchenfrühstück in der Schlüsselbäckerei – ich muss meine Begeisterung über diese ungesunde Art, in den Tag zu starten, wiederholen – aus Bautzen heraus in eine weite Landschaft fließen. Auf der Landkarte am Stehtisch der Bäckerei habe ich die Namen der nächsten Ortschaften laut gelesen, mit Neugier an den Lautabfolgen in der sorbischen Sprache: Auritz/*Wuricy*, Zieschütz/*Cyžecy*, Baschütz/*Bošecy*, Kubschütz/*Kubšicy*, Wurschen/*Worcyn*, Gröditz/*Hrodžišćo*, Weicha/*Wichowy*, Weißenberg/*Wóspork*.

Wir gehen die Via Regia, die hier in der Stadt Löbauer Straße heißt, ostwärts Richtung Görlitz und beschließen, so wie ab und zu, den Hauptweg in einem Schlenker zu verlassen, um parallel dazu auf ein paarhundert Metern durch eine ruhige, großzügige Wohn- und Villengegend zu kommen. Ein bisschen erleichtert bin ich doch, dass wir so früh unterwegs sind. Der *Stasi-Knast*, das Gefängnis der Staatssicherheit, das heißt, die Gedenkstätte, ist noch geschlossen. Mitten im schönen Wohnviertel gehen wir offenbar an der Knastmauer entlang. Aber das Stahltor ist bereits geöffnet. Ein Mann kommt auf uns zu und winkt freundlich, *der Knast ist offen!* Wegrennen geht jetzt nicht mehr. *Noch keiner da. Kommen Sie ruhig rein.*

Wir verbringen Stunden im Knast, lesen Urteile, Briefe, Inschriften, Biografien, erfahren von gescheiterten Fluchtversuchen und abgelehnten Gnadengesuchen. Abgesehen vom Gedenkstätten-Personal sind wir am frühen Morgen die einzigen Menschen. Der Geruch erinnert mich an die Polizeistation in Eisenach, wo man sich als DDR-Besucher anmelden musste. Eisiges Schweigen im Warteraum, niemand will von einem Wessi angesprochen werden, niemand grüßt, der Ton ist kurz und bürokratisch, die Wartenden schauen aneinander an den Ohren vorbei. Heute grüße ich irgendwo in den bedrückend ähnlichen Fluren mit endlosen Türreihen eine Putzfrau, die den Linoleumboden wischt, und sage, dass sie sicherlich oft allein hier sei. Sie antwortet, während sie ungerührt weiter ihre Wischschwünge ausführt: Nein, kein Problem, der Aufseher ist ja auch da.

Später, auf einer Dorfhauptstraße von Auritz, kommt uns sehr langsam ein altes Paar entgegen, sie stützt ihn. Wir bleiben stehen und erfahren, dass beide über 90 Jahre alt sind und jeden Tag ein paarhundert Meter spazieren gehen. Auf dem Dorfplatz von Kubschütz stehen holzgeschnitzte Bänke, die eine Legende von einem Bauern und einer Martha thematisieren. Drei Pilgerinnen kommen uns mit klackernden Stöcken entgegen, grüßen flott und eilen vorbei. Ich drehe mich um und sehe an jedem großen Rucksack eine tellergroße Jakobsmuschel baumeln. Profipilger, denke ich. Ich könnte das nicht. Bin ich überhaupt eine echte Pilgerin mit so kleinem Rucksäckchen? Und ohne Muschel, und ohne Stöcke, und ohne festes Schuhwerk? Ich will doch nur gehen.

Eine gepflasterte Allee führt nach Wurschen, einem Ort mit Schloss und Nebengebäuden, die sich um einen weitläufigen Hof gruppieren. Alles wirkt wie eine Filmkulisse zu einem Historienfilm. Tatsächlich ist Wurschen das, was man nüchtern einen historischen Schauplatz nennt, wie es auf der Infotafel steht. Denn im Zuge der Befreiungskriege vom napoleonischen Frankreich wurde die Schlacht bei Bautzen im Mai 1813 hier geschlagen, auf den Feldern des Dorfes Wurschen. Deshalb wird sie auf dem Arc de Triomphe in Paris als Schlacht bei Wurschen gezeigt. Mehr als zweihunderttausend Mann standen damals hier, zehntausende zumeist junge Männer aus vielen Regionen Europas verloren auf dem Schlachtfeld von Wurschen ihr Leben. Nicht nur Napoleon bewegte sich in unvorstellbar großen Gruppen, soviele Soldaten wie die Einwohnerzahl einer Kleinstadt, auf genau diesem Weg. Alles zu Fuß. Eine unermessliche Strapaze.

Europäische Geschichte. Bedeutend für das heutige Europa, bedeutend für hunderttausende Biografien damals, doch zu-

235

gleich abstrakt und unsichtbar. Historische Ereignisse finden in Büchern statt.

Hinter dem nächsten Waldstück und Feldern taucht ein mächtiges Mühlengebäude an der Landstraße auf, die Riegelmühle, ein technisches Denkmal. Weiter. Das nächste Dorf heißt Gröditz, und wir stehen wieder vor einem weitläufigen Anwesen mit großem, restaurierten Schloss, großzügigem Garten und einer Herberge in einem der sanierten Nebengebäude. Bestimmt wunderschön. Doch weiter. Eine Tafel informiert über ein umfangreiches ökologisches Projekt und zeigt den Weg durch die *Skala*.

Wir sollen den Gartenweg gehen, gleich hinter dem Jägerzaun über die Wiese, dahinter sei die Skala. Alles sehr still, sehr abgelegen, sehr urwüchsig hier. Gröditzer Skala heißt das menschenleere, bezaubernde Naturschutzgebiet, durch das wir weiter in Richtung Weißenberg gehen. Eine Holzstammbrücke führt über den Bach, hier möchte man bleiben und sich jeder wilden Blüte widmen. Doch weiter.

Mittlerweile bin ich ganzheitlich müde von einem Gefühlsmischmasch zwischen Bautzener Knast und Naturidylle, alles gleichzeitig. Der abgeriegelte Knast mitten im überwachten Wohnviertel, das Gröditzer Barockschloss mitten im Naturschutzgebiet, und ich zwischen abendlichem Vogelkonzert und mattem Gemüt an einem abgelegenen Ort in Deutschland.

Der Weg über einen vormaligen Bahndamm ist jetzt der Mühlradweg. Die Landstraße führt an einer Schafherde vorbei, eine verklinkerte neue Produktionshalle, irgendwo soll hier unser Tagesziel sein, der Ort Buchholz und die alte Schule. Manchmal wäre Satellitenerfassung doch schön. Oder gar eine vorprogrammierte Linie im Smartphone, die abweichendes Wanderverhalten unterbindet. Suchen nicht nötig. Verlaufen nicht möglich.

Die alte Allee, den alten Hohlweg bergab, eine Kurve noch und dann doch: Buchholz mit der alten Schule.

Nach kurzem Telefonat kommt eine beschwingte junge Frau in ihrem Kleinwagen vorgefahren und schließt uns die sanierte Schule gegenüber der Dorfkirche auf. Wieder werden wir großzügig beherbergt, haben das gesamte Gebäude mit Versammlungssaal, Wohnküche, Bädern und gemütlichem Schlafraum für uns allein. Die große Wohnküche ist auch nur mit uns zweien gemütlich. Für uns liegen Brot, Wurst, Butter und Bier bereit. Ich bin versöhnt mit der Welt. Wie kann es sein, dass solche umsichtig unterhaltenen Herbergen in kleinen Dörfern abseits von Touristenzielen bereitgestellt werden? Jeder Unternehmensberater würde sagen: Ich sehe das Konzept nicht.

Schon ganz nah dran.

Kurz vor Wurschen.

—

*Restauriert: barocke Ausstattung
in der Dorfkirche, Buchholz.*

*Weißenberg, Ehrenfriedhof für
sowjetische gefallene Soldaten, 1945.*

—

*Bucholz, Alte Schule:
Kulturverein und Herberge. 20¹⁰ Uhr*

Bautzen → Buchholz

Tag 29   Am nächsten Morgen besichtigen wir bei bestem Sonnenschein in aller Ruhe die wieder hergestellte barocke Dorfkirche, die gleich auf der anderen Straßenseite gegenüber der Schule liegt, umgeben vom Friedhof.

Das Dorf Krischa/Křišow war mehrheitlich sorbisch. In nationalsozialistischer Zeit bekam es den Kunstnamen Buchholz, um die slawische Geschichte zu negieren.

Heute gehören die kaum 300 Einwohner von Buchholz zu Vierkirchen. Es ist erstaunlich, wie diese wenigen Menschen so viele Unterstützer gewinnen konnten, um nicht nur das alte Schulgebäude zu sanieren, so dass es für Feste, als Gemeindezentrum und Pilgerherberge funktioniert; zugleich gelang es dem Kulturverein, die Emporenkirche mit ihrer historischen Ausstattung zu restaurieren. Dokumentiert ist dieser mühsame Weg in einer Ausstellung auf der Empore. Heute bildet das Bauten-Ensemble einen charmanten Rahmen für Konzerte, Lesungen, Ausstellungen, zu denen auch prominente Buchautoren und Musiker anreisen.

Wir reisen ab und winken dem älteren Herrn über den Zaun zu. Das hätte er nicht gedacht, sagt er. Wozu der ganze Aufwand mit der Schule, und jetzt kommen doch tatsächlich hier die Leute vorbei. Er staunt über seine eigene Freude.

Werden wir heute abend wirklich schon in Görlitz sein? Die letzte Etappe misst fast 28 Kilometer. Nicht wenig, aber heute wird durchgepilgert. Wir verlassen endgültig das idyllische Buchholz mit Kurs auf Tetta, Melaune, Döbschütz – Ortsnamen mit dem Klang aus Mittelerde.

Keine halbe Stunde vom Schulhaus entfernt unterbricht ein Mann in Tetta gerne seine Reparaturarbeiten vor dem Werkzeugschuppen, um zornig zu schildern, wie aussichtslos für ihn seit der Wende alles sei. Der Grundwasserspiegel sei durch die hiesigen Tongruben immer weiter gesunken, die Felder seien schlecht zu bewirtschaften, die Klinkerwerke in der Nähe hätten mehrfach die Eigentümer gewechselt, die nur ihre eigenen Arbeitskräfte mitbringen würden, und um ein Haar hätte man ihnen hier eine Sondermülldeponie auf die Felder gesetzt.

In Melaune zeigt ein Schild irgendwohin: warmes Mittagessen. Wir folgen den Leitpfosten auf einen Parkplatz bis in den letzten Winkel und können nicht genau erkennen, ob das Betreten des Bauwerks gestattet ist. Wir tun es und befinden uns inmitten einer überbordenden Produktvielfalt, alles so geschickt arrangiert, dass die Bilder der Werbedisplays mit der haptischen Auslage verschwimmen. Zwischendrin lese ich: *Wurstfülle mit Sauerkraut + Püree.* Das müssen wir haben. Wenig später, um 11 Uhr morgens, sitzen wir uns mitten im Wimmelbild vor zwei dampfenden Tellern gegenüber und werden Teil eines synästhetischen Gesamtkunstwerkes aus Waschmittelfrische, Duftkerzen und Wurstfüllendampf.

So weit das Auge reicht, Maisfelder, freie Landstraßen, ab und zu ein Sattelschlepper mit oder ohne Anhang, eine mit Stacheldrahtzaun gesicherte Firma für LED-Leuchten. Vor dem Thiemendorfer Forst beschließen wir, an der Landstraße über Königshain zu gehen; so hätten wir größere Hoffnung auf Rettung, falls sich mein Bein wieder melden würde.

Königshain zieht sich. Wir finden einen Pfad parallel zur Dorfstraße durch Wiesen mit grasenden Kühen, der bis in einen großen Bauernhof mündet. Kein Mensch zu sehen. Nur Kühe. Mit lautstarken Entschuldigungsrufen in alle Ställe und Hallen gelangen wir zurück auf die Königshainer Dorfstraße. Eine Frau, die gerade den Hausmüllbeutel in die Tonne am Straßenrand stopft, blickt auf, mustert uns und fragt, ob wir Wasser wollen. Natürlich, immer. An die Mülltonne gestützt hören wir von den Problemen mit der künstlichen Hüfte ihres Mannes und ihrem Zahnarztbesuch in Görlitz. Wir bedenken sie mit Wohlwollen, und sie gibt uns den Tipp, auf den Kreisbahnradweg zu schwenken.

So gehen wir wortkarg und zügiger als gewöhnlich entlang der stillgelegten Bahnspur auf die größte Stadt der Oberlausitz zu. Mit entschiedenen Schritten wie Walker, nur ohne Klackerstöcke, nähern wir uns Kilometer für Kilometer der östlichsten Stadt Deutschlands. Eine neuartige Aufregung stellt sich ein und verhindert, dass sich mein Anflug von Vorfreude, bald den ganzen Weg von Frankfurt nach Görlitz geschafft zu haben, zu einem satten Gefühl ausdehnen kann. Denn noch bin ich nicht da, und wer weiß, was in der nächsten Minute alles passiert? Immerhin mischen sich einige Euphoriespritzer hinzu bei dem vorweggenommenen Fazit, am 29. Tag der Fußreise die Stadt Görlitz mit ihren vielen Türmen im Neißetal betreten zu haben.

Görlitz ist eine echte Stadt. Bautzen war das vor zwei Tagen auch. Beide Städte haben als Knotenpunkte auf der Via Regia viele Gemeinsamkeiten. In der allmählichen Annäherung aus der Landschaft wird die ungleich großflächigere Ausdehnung von Görlitz mit seinen umgebenden Gründerzeitvierteln deutlich. Als Autofahrer erlebe ich Görlitz als kleine Stadt, doch jetzt merke ich jeden städtebaulichen Verdichtungsschritt bis zum alten Zentrum. Hinter dem Klinikum gehen wir durch die Stadterweiterung des 19. Jahrhunderts, kommen durch die Heilige-Grab-Straße, vorbei an der Stadtverwaltung, und schließlich stehen wir vor einem stattlichen Barockgebäude. In diesem Denkmal, Görlitz besteht fast nur aus Denkmalen, hat die Diakoniestiftung ihren Sitz und Zimmer für Pilger.

Nun sind wir da. Wir sind in Görlitz angekommen. Der Weg ist beendet. Wir stellen die Rucksäcke in dem komfortablen Doppelzimmer ab. Das war's. Ich weiß gar nicht so recht, was ich auspacken muss oder soll, meine Routinen sind irritiert. Die Betten sind gemacht. Ich brauche keinen Schlafsack auszurollen, kein Kopfkissen aufzublasen. Doch liegen und ausruhen kann ich jetzt nicht. Es zieht uns wieder nach draußen.

Ganz ohne Gepäck, wie abendliche Spaziergänger, verlassen wir die Diakonie und halten uns Richtung Neiße. Das Ufer kann nicht weit sein. Doch der Zauber der gepflasterten Altstadtstraßen, die von stattlichen Kaufmannshäusern gesäumt werden, lenkt mich ab. Nach tagelangen Eindrücken von deutschen Landen spüre ich, was es bedeutet, vom Land in eine große Stadt zu kommen. Die Menge der kunstvollen Steinhäuser muss einen Dorfbewohner seit Jahrhunderten erstaunt oder eingeschüchtert haben. Gotik, Renaissance und Barock säumen die Plätze mit originalem Detailreichtum, dass es jeden Städter einer kriegszerstörten und neu aufgebauten Großstadt wie Frankfurt am Main überwältigt. Die architektonische Substanz der einst mächtigen Handelsstadt an der Via Regia hat die beiden Weltkriege überdauert. Ein Glück, ein Geschenk, ein Schatz. Die Stadt selbst spricht von etwa 4000 Baudenkmalen aus fünf Jahrhunderten.

Es zieht uns zwischen vielen Besuchern, die wie wir durch die Altstadtstraßen schlendern und unter den Arkaden der Handelshäuser in Restaurants den Sommerabend genießen, an die Neiße, die deutsch-polnische Staatsgrenze. Zwischen Peterskirche und Waidhaus geht es hinunter. Von hier blickt man über die Altstadtbrücke auf die polnische Seite der Stadt, Zgorzelec. Ich bitte einen Spaziergänger, ein Foto von uns zu machen, wir sind zu Fuß hier, sage ich. *Ach ja*, meint er. Ja, von Frankfurt am Main. *Ach ja.* Es ist gut so, dass er es nicht so ernst nimmt wie ich es gemeint habe. Vor der Silhouette von Zgorzelec gebe ich ihm die Kamera, und er murmelt lakonisch: *Im Abendlicht geht's ja.* Ein Klick. Nun sind wir angekommen, denke ich.

Wir flanieren in der dämmrigen Abendluft unbehelligt über die Altstadtbrücke nach Polen. Einfach so. Ohne Visum und Passkontrolle an der Staatsgrenze. Die Zwillingsstädte Zgorzelec und Görlitz tragen das Attribut Europastadt, um auszudrücken, dass sie sich der europäischen Einheit verpflichtet fühlen. Das ist es, was mir gefällt und was mir jetzt das deutliche und erhebende Gefühl gibt, am Ende eines langen Weges angekommen zu sein.

Angekommen: in Görlitz,
Heilige-Grab-Straße. 18⁵⁶ Uhr

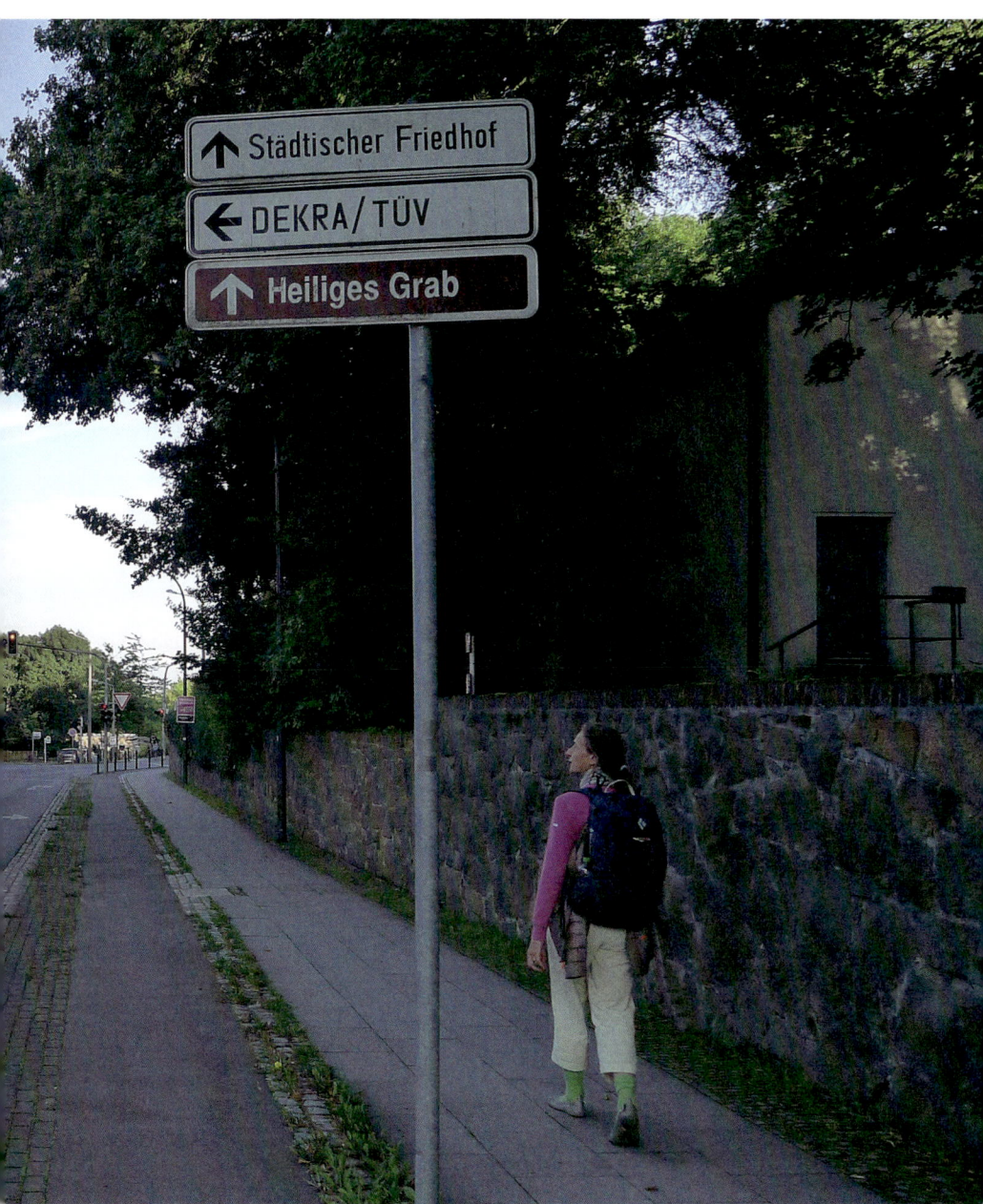

Buchholz → Görlitz

Angekommen: auf dem
Görlitzer Untermarkt.

Angekommen: an der neuen Altstadtbrücke
über die Neiße, zwischen Görlitz und Zgorzelec.

Angekommen: bei Jakob, dem Schuhmacher
und Mystiker Jakob Böhme im polnischen Zgorzelec.

Angekommen: im Görlitzer Jerusalem,
Rückkehr aus dem Heiligen Grab.

Buchholz → Görlitz

Schluss   Gestern abend gingen wir über die Brücke und fanden ein nettes Lokal am polnischen Ufer. Innen war es urig. Die Speisekarte erzählte etwas von der Geschichte des Nachbarhauses. Dort wohnte vor langer Zeit ein Schuhmacher, jemand, der anderen Menschen die Füße vermisst und ihnen die Schuhe anpasst. Jemand, dessen Werk sich auf dem Boden womöglich aller Herren Länder Schritt für Schritt abreibt und in Staub auflöst.

Nur ein Schuhmacher? Der bescheidene, zweifelnde und doch so sehr im Görlitzer Stadtleben verankerte Jakob Böhme war ein geduldiger Naturbeobachter. Er betrachtete Sterne, Tiere, Jahreszeiten, Menschen. Der autodidaktisch gebildete Sinnsucher schrieb Bücher, die gedruckt wurden. Die Gesamtheit der Natur nannte er seinen eigentlichen Lehrmeister. Seine klugen, ewig gültigen Lebensweisheiten liegen heute in allen Buchhandlungen und werden als Kalender und Postkarten gern verschenkt. Hegel nannte ihn später den *ersten deutschen Philosophen*. Viele zeitgenössische Kirchenvertreter hingegen sahen sich durch Böhmes Fragen und Gedankengänge so sehr provoziert, dass er seine Bücher wiederholt rechtfertigen und gar sein Leben verteidigen musste. Schließlich verwüsteten aufgebrachte Bürger noch nach seinem Tod 1624 seine Grabstätte auf dem Nikolaifriedhof. Heute ist sein Grab wieder hergestellt. Böhme ist populär und passt in unsere Zeit.

Endlich waren wir angekommen.

Ich trinke meinen Frühstückskaffee bei dem Gedanken, nur auf einer Masche des alten europäischen Fernstraßennetzes unterwegs gewesen zu sein. Schön wäre es, die Via Regia jetzt weiter nach Breslau zu gehen, und dann noch weiter, bis zur Seidenstraße, und dann immer weiter, nach Indien und China. Geht heutzutage nicht, nicht ohne Weiteres. Für Unternehmer des Mittelalters wären diese Gedanken reizvoll.

Wir sind nun am Anfang des modernen Weitwanderweges Görlitz–Vacha. Wir hatten der freundlichen Herbergsmutter am anderen Ende in Vacha versichert, dass wir wirklich bis dahin zurückgehen, wo es los geht – nach Görlitz. Die Frage lautet also nicht nur, wo unsere Reise endet, sondern: Wo beginnt eigentlich der Weg für echte Pilger, Jakobspilger, die in der richtigen Richtung losgehen und Santiago de Compostela als fernes Ziel tief im spanischen Westen Europas ansteuern, manche sogar das Ziel übersteuernd bis ans Ende der Welt gehen: *Finis Terra*? Wo beginnt für diese wahrhaftigen Pilger hier in Görlitz der Weg?

Am Heiligen Grab. Dort müssen wir hin. Das Heilige Grab in der Heilige-Grab-Straße 79 gehört seit dem Beginn des 16. Jahrhunderts zu den wenigen noch erhaltenen mittelalterlichen Heilig-Grab-Nachbildungen in Deutschland. Wozu haben die Christen so etwas gebaut? Für Prozessionen, für Pilger, für die das echte heilige Grab in Jerusalem, nach der Überlieferung die Grabstätte Jesu Christi, nicht erreichbar war. So baute man kurz vor dem Jahr 1500 in der Metropole Görlitz an der Via Regia eine Art religiöse Erlebnis-Architektur, einen Prozessionsweg, der von der Krypta der Peterskirche über Kreuzweg-Stationen in den Straßen der Stadt bis hinauf zu den Gebäuden mit dem Heiligen Grab führt. Die kleinen Bauten der Anlage wurden durch ihre Gestalt, entsprechende Weihen und ihren Gebrauch als beglaubigte Kopien des heiligen Originalortes in Jerusalem verstanden. Niemand hätte sich damals ernsthaft gefragt, ob er am falschen Ort sei. Die Leute wissen, wo sie sind.

Wir sind die einzigen Gäste, die an diesem Vormittag den Hügel hinauf zum Heiligen Grab gehen. *Gäste* würde ich uns nennen, Pilger kann ich uns nicht mehr nennen. Ich kann diese Architekturschöpfungen nur durch die Augen des Bauhistorikers betrachten, mit unbedingtem Respekt vor der religiösen Funktion, mit Verständnis für die Kraft der Architektur, mit Empathie für die philosophische Konstruktion der gebauten Metapher – jedoch ohne Ergriffenheit. Ich zögere vor dem Betreten des Eigentlichen, wohl wissend, dass Jahrhunderte lang viele Menschen in langen Prozessionsreihen vor demselben Eingang geduldig betend und singend gewartet haben, bewegt von der Aussicht, bald mit gebeugtem Knie das Heilige Grab zu betreten, sich Segen für ihr Leben und ihre Anliegen erhoffend, und vielleicht von hier aus weiterziehend auf dem ungewissen, gefährlichen und weiten Weg nach Santiago.

So stehe ich nun vor dem Heiligen Grab in der Sommersonne auf der Wiese. Was mag in dem schwarzen Raum zu sehen sein?

Die Leere. So soll es sein.

Wir gehen die Heilige-Grab-Straße wieder hinab in die Stadt und befinden uns vor dem Jesus-Bäcker. Wie bitte? Wird hier Jesus gebacken? Ich entscheide mich für einen frischen Windbeutel. Dann merken wir, dass wir uns um Zugfahrkarten kümmern sollten. Wir spazieren durch die mondänen Straßenzüge der Jahrhundertwende, wo sich eine sanierte Fassade neben die andere reiht, zum Bahnhof. Dort kaufen wir die Fahrkarten nach Frankfurt – bitte einfach, nur die Hinfahrt.

Ich kenne diese Häuserzeilen noch schwarz, verrußt, halb verfallen. In Frankfurt wären Wohnungen in Häusern wie diese begehrt und teuer; hier bezahlen wir beim Falafel-Araber sagenhafte 1,50 Euro für ein Sandwich. Wir sind die einzigen Gäste. Der Mann hat Zeit. Er schenkt uns einen schwarzen Tee dazu ein und freut sich, mit jemandem über Aleppo, Damaskus, Mannheim und Frankfurt erzählen zu können.

Wir gehen wieder zurück in die Altstadt, besteigen den Turm der Pfarrkirche St. Peter und Paul. Dort liegt uns ganz Görlitz zu Füßen, eingebettet in das weite Sorbenland, durch das wir gestern noch, mehrfache Horizonte entfernt, gekommen sind. Der Junge neben mir kommt aus Bayern. Er erzählt mir freimütig, dass er hier bei der Oma in Ferien sei und jeden Tag den Turm hinauf steige, um auf die Stadt zu gucken. Ich sage, ich komme aus Frankfurt am Main, und erspare ihm weitere Erläuterungen.

Ende Wir haben den Zug am Vortag so ausgesucht, dass wir keinesfalls zum Bahnhof hetzen müssen, sondern an diesem sonnigen Morgen Zeit haben für einen ausgedehnten Abschiedsspaziergang. Uns zieht es in die freundliche Wohngegend, in der seit Jahren hinter einem Bauzaun die majestätische Jugendstil-Synagoge restauriert wird. Ich erinnere mich an die Synagoge als ausgehöhlten, 1938 ausgebrannten Kuppelbau und empfinde es, an unserem letzten Tag in Görlitz, als einen angemessenen Abschied, nun zwischen Handwerkern unter der lichten Kuppel zu stehen und zu sehen, wie feinsinnig Görlitzer Denkmalpfleger und Restauratoren die Details rekonstruiert und restauriert haben. In wenigen Wochen werden die Arbeiten an der Synagoge beendet sein.

Die Beschleunigung presst mich in den Sitz des ICE. Mit atemberaubender Geschwindigkeit verkürzt sich die ganze Strecke von einem Monat auf nur sieben Stunden. Das Gummiband, das wir mühsam wie die Sehne eines Bogens langgezogen haben, katapultiert uns durch den transnationalen Verkehrskorridor an die eigene Haustür. Dorthin, wo alles weitergeht. Es gibt kein Zurück mehr.

Packliste Rucksack (eine Person), ohne Wasser, ohne Proviant
Sommer 2016

Rucksack	320 g	
Plastikbeutel (im Rucksack als Regenschutz)	60 g	380 g
Wollhoodie, Langarm	250 g	
Wollshirt, Kurzarm	190 g	
Unterhosen, 2 Stück	125 g	
dünne Socken, 2 Paar	70 g	
Zweithose, Langbein	310 g	
Oberhemd, Langarm	270 g	1215 g
Schal	150 g	
Daunenjacke	255 g	
Hardshell (Rennradjacke)	130 g	
Regenhaut (Billigponcho)	50 g	
Regenschirm	185 g	
Wollmütze	50 g	820 g
Zweitschuhe	295 g	295 g
Hüttenschlafsack	225 g	
Drei-Jahreszeiten-Schlafsack	470 g	
Isoluftmatratze	465 g	1160 g
Handtuch	140 g	
Desinfektionsgel	55 g	
1/3 Rolle Klopapier	45 g	
Stirnlampe	40 g	
Tape	40 g	320 g
Waschmittel, Zahnbürste, Zahnsticks, Rasierer, Bürste, Pinzette, Balsam, Ohrstöpsel, Schnur, Medikamente		180 g
Blasenpflaster, Schmerzbalsam, Elektrolyte, Mullbinde, Kompresse, Gummihandschuhe, Zwirn, Nähnadel, Sicherheitsnadeln, Klebeband 5 m		125 g
gesamt		4495 g

Zusätzlich in den Hosentaschen

Notizbuch, Bleistift, Signalpfeife,		
Kompass, Gabel, Löffel	175 g	
Taschenmesser	45 g	220 g
Fotoapparat, Ladegerät,		
Wechsel-Akku, Flashcards		275 g
Kartenmaterial, Wegbeschreibung,		
Pilgerpass		270 g
gesamt		765 g

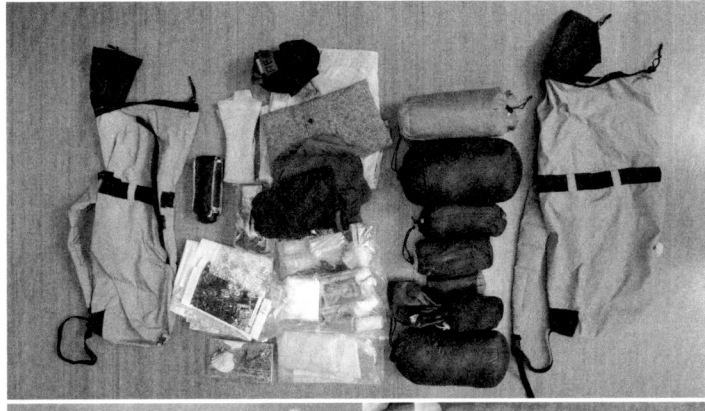

Mein Gepäck.

*Und meins
auch.*

per durch, über, entlang.

ager Land, Feld, Acker; Boden, Grundstück; Landgut, ein Stück Erde vom Acker.

peragratio Durchwanderung; das Reisen.

peragro durchwandern, durchgehen, durchreisen, durchstreichen, durchziehen.

pereger der über Land gereiset oder außer der Stadt befindlich ist.

peregre in der Fremde, auswärts; über Feld.

peregrinatio Aufenthalt im Auslande, das Reisen; die Wanderschaft; Aufenthalt außer dem Vaterlande, oder das Reisen in der Fremde, herumreisen.

peregrinator ein Wandersmann; Freund von Auslandreisen; reiselustig.

peregrinor wandern; in die Fremde reisen; in der Fremde sein, umherreisen, umherschweifen.

peregrinus Fremdling; ausländisch, fremd, fremdartig.

via Weg, Straße, Fahrweg, Landweg; Pfad, Bahn; Gang, Marsch, Reise, Fahrt.

viator Wanderer.

Aus: Veneroni, Dictionario Caesareum, Frankfurt am Main 1714; Scheller, lateinisch-deutsches und deutsch-lateinisches Handlexicon, Leipzig 1799; Langenscheidts Taschenwörterbuch Lateinisch–Deutsch, Berlin und München 1975.

Acker Ein Pilger, eine Pilgerin, ist wörtlich jemand, der über den Acker geht (lateinisch *per agrum*). Jemand, der von weit her aus der Fremde angereist kommt. Der ein Fremder ist, durch das Land wandert. Ein Wanderer, der außerhalb der Stadt unterwegs ist, fern der Heimat. Jemand, der reiselustig ist und in fremder Landschaft weilt. Einer, der sich zwar selbst nicht fremd ist, der aber in der Fremde vielleicht ein Anderer wird.

Stempel Obwohl der Wanderer dort, wo er ankommt, fremd ist, findet er in der Herberge willkommene Aufnahme. In der Fremde also ist man auf Fremde eingestellt. Der Abdruck des Stempels im Ausweis ist nicht bloß Souvenir, nicht nur Beleg für das Vorankommen auf archaische Weise – zu Fuß –, er ist ein Bild des Händedrucks unter freundlichen Fremden.

Henry und Emma
BUDGE-STIFTUNG
Wilhelmshöher Strasse 279
60389 Frankfurt am Main
Telefon 069-4 78 71-0
Telefax 069-47 71 64

HOTEL LAUER
Frankfurter Straße 17 · 61137 Schöneck
Tel. 0 61 87/95 01-0 · Fax 0 61 87/95 0

Main-Kinzig-Kreis
Eigenbetrieb Jugend- und
Freizeiteinrichtungen
JUGENDZENTRUM
63549 RONNEBURG

Evang. Pfarramt
Kirchgasse 5
63633 Birstein
Tel. 0 60 54/401

Landgasthof zur Kron
Reinhard Becker GbR
Kronenstr. 1
35103 Flieden
Tel. 06669 / 295

Edith Bruns
Schulstr. 42 Tel. 06684/111.
6419 Nüsttal-Hofaschenbach

Fulda   Jakobsweg
Hans Stützel
Petra Stützel
Frieriensleinstraße 37
93894 Geislingen/OT Goerellen
Tel. 00895 51 465 · Fax 297 772

Pilgerherberge
Diakonissenhaus
Karlsplatz 27/31
99817 Eisenach
Tel.: 03691/260-0

BODELSCHWINGH-NO
MECHTERSTÄDT e.V.

LebensGut
OT Cobstädt
Schulplatz 8 · 99869 Drei Gleichen
Tel. & Fax: 036202 / 76 765
www.lebensgut-cobstaedt.de

Evang. luth. Kirche zu Wallichen

KIRCHE ZU STEDTEN

MARITIUS-KIRCHE ZU ECKARTSBE

DR. DOM ZU NAUMBURG

PILGERHERBERGE AN DER ÄGIDIENKAPELLE NAUMBURG

POLI e.V.
Wohn- und Lebenshilfe
Kastanienstr. 2 · 06259 Frankleben
Tel./Fax 034637 - 60 910

Kultur und Pilgerverein

Pilgerherberge
Sommerfeld
in Leipzig

Albada de las Aurelias
Inselgasse 12
04808 Wurzen
Transselbsee Schönfeld

HERBERGE Strehla
Herberge am Sternenweg

Ev. Stadtmission
Görlitz

Pilgerherberge
Schwosdorf
www.wal-wueste-berg.de

Pilgerherberge
PILGERHERBERGE
CROSTWITZ
CHROSCICY
PUTNISKA HOSPODA

ST. PETRI
EV.-LUTH. KIRCHGEMEINDE
SIEBEN [...] BAUTZEN

NEUNZ
Christlicher Kulturverein Treene e.V.
Buchholz Nr 78 · 02894 Vierkirchen

Pilgerstation
St. Peter
und Paul
Görlitz

Heiliges Grab

Görlitz

DEUTSCHE STIFTUNG DENKMALSCHUTZ

Wir bauen auf Kultur.

Schirmherr
Bundespräsident
Frank-Walter Steinmeier

Stiftungsratsvorsitzender
Prof. Dr. Jörg Haspel

Vorstand
Stephan Hansen
Dr. Steffen Skudelny

Sitz der Stiftung
Schlegelstraße 1
53113 Bonn
Tel. 0228 9091-0
Fax 0228 9091-109

Die Deutsche Stiftung Denkmalschutz ist die größte private Initiative für Denkmalpflege in Deutschland. Sie setzt sich seit 1985 kreativ, fachlich fundiert und unabhängig für den Erhalt bedrohter Baudenkmale ein. Ihr ganzheitlicher Ansatz ist einzigartig und reicht von der Notfall-Rettung gefährdeter Denkmale, pädagogischen Schul- und Jugendprogrammen bis hin zur bundesweiten Aktion »Tag des offenen Denkmals«. Rund 400 Projekte fördert die Stiftung jährlich, vor allem dank der aktiven Mithilfe und Spenden von über 200.000 Förderern. Insgesamt konnte die Deutsche Stiftung Denkmalschutz bereits über 5.000 Denkmale mit mehr als einer halben Milliarde Euro in ganz Deutschland unterstützen. Doch immer noch sind zahlreiche einzigartige Baudenkmale in Deutschland akut bedroht.

Wir bauen auf Kultur –
machen Sie mit!

Mehr Information auf
www.denkmalschutz.de

Spendenkonto
IBAN: DE71 500 400 500 400 500 400
BIC: COBA DEFF XXX

Texte
Angela Pfotenhauer und
Elmar Lixenfeld

Redaktion, Gestaltung,
Fotografie und Kartengrafik
Elmar Lixenfeld
www.duodez.de

Gesetzt in der Barudio

Druck
DZA Druckerei zu Altenburg GmbH,
04600 Altenburg

Innenaufnahmen des Merseburger (S. 153) und Naumburger Doms (S. 137) mit freundlicher Genehmigung der Vereinigten Domstifter zu Merseburg und Naumburg und des Kollegiatstifts Zeitz.
Foto S. 6: DSD.

© 2018 Deutsche Stiftung Denkmalschutz
und die Autoren

Monumente Publikationen
Verlag der Deutschen Stiftung
Denkmalschutz
Schlegelstraße 1
53113 Bonn
Tel. 0228 9091-300
www.denkmalschutz.de
www.monumente-shop.de
shop@monumente.de

ISBN: 978-3-86795-131-9

Skizze des europäischen Altstraßennetzes

Hohe Straße
Frankfurt am Main ←→ Görlitz/Zgorzelec

Via Regia
Moskau/Kiew ←→ Santiago de Compostela

Wege der Jakobspilger,
Rompilger und Jerusalempilger

Via Imperii
Stettin ←→ Rom

Via Francigena
Canterbury ←→ Rom

Camino Frances
Saint-Jean-Pied-de-Port ←→ Santiago de Compostela

Canterbury

Aachen

Paris

Santiago de Compostela
Finisterre

Saint-Jean-Pied-de-Port